Allitera Verlag

edition monacensia
Herausgeber: Monacensia
Literaturarchiv und Bibliothek
Dr. Elisabeth Tworek

In der *edition monacensia* erscheinen ausgewählte Werke renommierter Münchner AutorInnen des 19. und 20. Jahrhunderts, deren literarische Arbeiten von der Monacensia – Literaturarchiv und Bibliothek betreut werden. Neben Neuausgaben vielgesuchter Bücher erscheinen auch Erstеditionen aus den Beständen des Archivs und der Bibliothek, die von kompetenten Herausgebern eingeleitet werden.

München machte Schule

Georg Kerschensteiner

Symposium zum 150. Geburtstag des Münchner Reformpädagogen

Dokumentation der
Münchner Volkshochschule

Herausgegeben von
Susanne May, Elisabeth Tworek und Willibald Karl

Allitera Verlag

Weitere Informationen über den Verlag und sein Programm unter:
www.allitera.de

Bibliographische Information der Deutschen Bibliothek

Die Deutsche Bibliothek verzeichnet diese Publikation
in der Deutschen Nationalbibliographie;
detaillierte bibliographische Daten sind im Internet
über <http://dnb.ddb.de> abrufbar.

2. Auflage
November 2014
Allitera Verlag
Ein Verlag der Buch&media GmbH, München

Umschlaggestaltung: Kay Fretwurst, Freienbrink
Herstellung: Books on Demand GmbH, Norderstedt
Printed in Germany · ISBN 978-3-86520-097-6

Inhalt

Vorwort 7

GERTRAUD BURKERT
Grußwort der Landeshauptstadt München 10

GERHARD WEHLE
Erinnerung an Georg Kerschensteiner
Denkanstöße für uns 14

KARL CORINO
»Sein Kopf ist ein ausgefüllter Lehrplan aller Arten von Mittelschulen«
Robert Musil und Georg Kerschensteiner –
eine pädagogisch-literarische Konstellation 39

KARLHEINZ A. GEISSLER
Kerschensteiner – Na, und? 66

WILLIBALD KARL
»Gelehrtenrepublik« zwischen Monarchie und Diktatur
Kerschensteiners Villa in der Bogenhausener Möhlstraße 39 . . 79

Zu dem Symposium 88

Die in die Dokumentation aufgenommenen Fotografien und Autografen entstammen dem Nachlass von Georg Kerschensteiner im Literaturarchiv der Monacensia. Beim Symposium war eine Auswahl von Professor Gerhard Wehle und Ursula Hummel in Vitrinen präsentiert. Die Auswahl für die Dokumentation besorgte Willibald Karl.

Vorwort

Anlässlich des 150. Geburtstags von Georg Kerschensteiner am 29. Juli 2004 veranstaltete die Münchner Volkshochschule zusammen mit der Monacensia – Literaturarchiv und Bibliothek, einem Institut der Münchner Stadtbibliothek, am 6. Juli 2004 ein Symposium. Es diente dazu, die pädagogischen und bildungspolitischen Leistungen und Impulse Georg Kerschensteiners zu erinnern und zugleich zu vergegenwärtigen, das heißt auf aktuelle Probleme und Herausforderungen des Bildungswesens zu beziehen. In einer Zeit, in der in der Bildungspolitik wenig Konzeption und Kontinuität, aber viel Aufregung und Verwirrung zu beobachten ist, könnten die Antworten und noch mehr die Fragestellungen Kerschensteiners zu aktuellen Klärungen beitragen. Zumal Georg Kerschensteiner seine reformpädagogischen Ideen an der Schwelle zur industriellen Moderne und damit am Anfang der Epoche formulierte, deren Ende wir heute registrieren. Die Verunsicherungen dürften damals nicht geringer gewesen sein als heute.

Was hätte Kerschensteiner zur aktuellen Diagnose der PISA-Studie und vor allem zum Wirrwarr der sich daran anschließenden Reformrezepte gesagt? Vielleicht den Satz, den er in widrigen Situationen parat hatte: »Unsere Einsicht ist beschränkt, aber unsere Dummheit ist grenzenlos.« Vielleicht hätte er auch darauf hingewiesen, dass bei allen Bemühungen um Leistungsstandards, Ganztagsbeschulung und Früherziehung mehrere Dinge unerlässlich sind: ein grundlegendes Nachdenken darüber, was wir unter Bildung verstehen, sowie die Liebe zu den Kindern und die Liebe zum Lehren.

So jedenfalls sah er sich selbst, als er 1895 zum Münchner Stadtschulrat gewählt wurde. Durchaus ein Kompromisskandidat, der sein Amt einem Zufall verdankte, wie er selbst es ausdrückte. Während seiner mehr als zwanzigjährigen Amtszeit wirkte er, wie man heute sagen würde, nachhaltig. Denn er schuf ein Meisterstück des deutschen Bildungswesens, das heute noch gültige System der dualen Berufsausbildung, das München als Mekka der Pädagogik in der Welt bekannt machte. Was noch Anton Fingerle mit Stolz erfüllte, als er 1948 auf einer Studienreise in den USA gefragt wurde: »Sie kommen aus München, der Stadt Kerschensteiners? Nun, was Kerschensteiner gelehrt hat, haben wir verwirklicht.« München hatte »Schule gemacht«.

Das Bildungsdenken und die Bildungspraxis Kerschensteiners waren keineswegs auf die Berufpädagogik beschränkt, sondern galten vielen Fragen des Bildungswesens: der Schulorganisation, der Lehrplanreform, der Lehrerbildung, der staatsbürgerschaftlichen Erziehung, dem naturwissenschaftlichen Unterricht – und vor allem der Theorie der Bildung. Dabei wurde er nicht müde, darauf hinzuweisen, dass sich die Bildung nicht in dem erschöpft, was einer weiß oder kann, dass die Bildung des Menschen nicht durch kurzfristige ökonomische und technologische Anpassungsqualifikationen erreicht wird. Und vielleicht ist diese kontrafaktische Orientierung an einem vorgängigen Verständnis von Bildung einer der wichtigsten Impulse, die wir Kerschensteiner zu verdanken haben.

Vor allem ist Bildung kein erreichbares Ziel, sondern eine lebenslange Aufgabe.

Und so sei schließlich daran erinnert, dass Georg Kerschensteiner die Volksbildung und im Rahmen dieser die Volkshochschule besonders am Herzen lagen. In einem Vortrag, den er 1924 an der Münchner Universität hielt und der beim Symposium einzusehen war, schreibt er, für das Volksbildungswesen bedeute die Volkshochschule das Gleiche wie für das Jugendbildungswesen eines Landes die wissenschaftliche Hochschule. Und unter Bezugnahme auf die englische Bewegung der university extension und der Wiener Urania empfehle er den systematischen, an einem akademischen Niveau orientierten Ausbau der Münchner Volkshochschule, die 1924 noch in den Kinderschuhen steckte. Und insofern verdankt auch die Münchner Volkshochschule Georg Kerschensteiner wichtige Impulse.

Die Monacensia als Ort des Symposiums war gut gewählt. Zum einen zählte Kerschensteiner zum näheren Freundeskreis des Bildhauers Adolf von Hildebrand, in dessen Wohn- und Atelierhaus die Monacensia seit über 25 Jahren untergebracht ist. Zum anderen wird sein umfangreicher schriftlicher Nachlass im Literaturarchiv der Monacensia betreut, den Frau Dr. Marie Kerschensteiner nach dem Tod ihres Mannes der Münchner Stadtbibliothek als Schenkung überließ. Dieses Archiv bildet heute noch eine wichtige Grundlage für viele wissenschaftliche Arbeiten.

Allen sei gedankt, die zum Gelingen dieses Symposiums beigetragen haben, insbesondere den Referenten Prof. Wehle, Dr. Corino und Prof. Geißler sowie Frau Dr. Burkert, der 2. Bürgermeisterin der Landeshauptstadt München, die ein offizielles – und doch auch sehr persönliches – Grußwort an die Teilnehmerinnen und Teilnehmer des Symposiums richtete.

Den Veranstaltern schienen Inhalte und Ergebnisse des Symposiums wichtig und bedeutungsvoll genug, um die Referate und Beiträge sowie einige Autografen und Fotografien aus dem Literaturarchiv als Dokumentation einem breiteren interessierten Publikum zugänglich zu machen.

Dr. Susanne May *Dr. Elisabeth Tworek* *Dr. Willibald Karl*

Gertraud Burkert

Grußwort der Landeshauptstadt München

Liebe Gastgeberin, Vortragende und Gäste – meine sehr geehrten Damen und Herren,

zuallererst möchte ich im Namen der Landeshauptstadt ein Wort des Dankes sagen: Herzlichen Dank unserer Münchner Volkshochschule und der Monacensia der Stadtbibliothek für die Idee, Konzeption und Verwirklichung dieser Gedenk- und Nachdenk-Veranstaltung.

Wem ich dafür im Einzelnen besonders zu danken habe, weiß ich leider nicht. Darunter befindet sich aber ganz gewiss Frau Dr. May – bitte übernehmen Sie stellvertretend für alle daran beteiligt gewesenen Aktricen und Akteure meinen Dankesstrauß und ebenso meine Komplimente!

Zum Zweiten gilt mein Dank den nun vortragenden Fachreferenten – allesamt im einschlägigen Kontext in olympischer Norm ausgewiesene und angesehene Koryphäen.

Es sei mir gestattet, Herrn Professor Wehle, dem Nestor der nationalen wie internationalen Kerschensteiner-Forschung, besonderen Dank für seine Reise von Nordwestdeutschland extra hierher zu sagen. Herr Wehle, mit allen Pfaden und Labyrinthen des Lebens wie Werkes des »Münchner Pestalozzi« einzigartig vertraut, wird uns das Vergnügen bereiten, nicht nur den Einstieg zum Thema zu schaffen.

Und als ein ausgesprochener Glücksfall ist auch der Umstand zu werten, dass uns Herr Dr. Corino aus einer außerpädagogischen Perspektive Impressionen zur Rezeption der Person Kerschensteiner vermitteln wird – nämlich eine Art (Kurz-)Psychogramm anhand literarischer Aufzeichnungen von Robert Musil. Robert Musil zum Thema Pädagogik – da fällt mir nur sein autobiographischer Roman »Die Verwirrungen des Zöglings Törless«, in dem der

Aufenthalt in der Kadetten-Erziehungsanstalt Mährisch-Weißkirchen als »Vorhölle des Lebens« beschrieben wird, ein.

Gleichermaßen neugierig und erwartungsvoll gespannt dürfen wir auf die Betrachtungen, Anmerkungen und Assoziationen von Herrn Professor Geißler sein. Ich vermute, dass dabei vor allem unter dem Blickwinkel unserer gegenwärtigen und zukünftig wahrscheinlichen Lern-, Arbeits- und Lebensverhältnisse so mancherlei Momente einer eher kritischen denn huldvoll-apologetischen Analyse aufscheinen werden.

Unsere dank des Denkmalschutz-Gesetzes vor dem Abriss gerettete Hildebrand-Villa ist nicht nur infolge ihrer intimen und ernsthaften Behaglichkeit der ideale Ort für die Vergegenwärtigung und Spurensuche hinsichtlich unseres legendären Stadtschulrates. Hier lagern ja auch die Schätze des Georg-Kerschensteiner-Archivs der Stadtbibliothek. Hier in dieser vormaligen Künstlerresidenz war Kerschensteiner ja auch seit 1898 immer wieder zu Gast bei geselligen, künstlerischen oder wissenschaftlichen Zusammenkünften. Und hier nahm ja übrigens auch vor hundert Jahren seine enge und lebenslange innige Freundschaft mit dem Pädagogen, Psychologen und Philosophen Aloys Fischer ihren Anfang.

Infolgedessen: ein dicker Lobestusch den Veranstalterinnen auch für die punktgenaue Tagungs-Auswahl!

Die Bezugspunkte, Substanzen und Formationen der wissenschaftlich-theoretischen Annahmen, Aussagen und Modelle im Werke Kerschensteiners können in der Regel nicht auf den ersten Blick eindeutig entziffert werden. Dafür ist die Fähigkeit und Anstrengung subtiler vergleichender Analysen, die auch die widersprüchlichen Tendenzen des damaligen Zeitgeistes angemessen berücksichtigen, unerlässlich. Und selbst dann bedarf es zum Durchblick oft noch einer gehörigen Prise an Intuition und Empathie …

Im Vergleich dazu erscheinen die Zugangswege zum Verständnis seiner organisatorischen Empfehlungen zur Neugestaltung der schulischen Bildungs- und Erziehungsanstalten als nahezu gesichert und komfortabel. Doch Vorsicht – auch hierbei lauern vielfältige Versuchungen von Missverständnissen und Fehlinterpretationen.

Unser großer Jubilar hat uns – so muss man wohl sagen – ein schwieriges, ein teilweise höchst sperriges Erbe hinterlassen!

Herr Professor Wehle – so bin ich mir sicher – könnte uns in diesem Zusammenhang nicht nur ein Lied, sondern ellenlange, abendfüllende Arien singen …

Am ehesten unmissverständlich, von gleichsam klassischer Unvergänglichkeit und Aktualität sind wohl Kerschensteiners pädagogische Leitsätze und Rezepte geblieben. Da der Kanon dieser seiner heiligen Prinzipien jetzt dann sicher Thema sein wird, möchte ich nicht näher darauf eingehen. –

Nur Folgendes in diesem Zusammenhang: Im Rahmen der von uns seit etwa zehn Jahren in unseren Bildungs- und Erziehungsstätten betriebenen »Pädagogischen Schulentwicklung« versuchen wir in aller Behutsamkeit und Ernsthaftigkeit, auch eben dieses anspruchsvolle und mahnende Vermächtnis zu erfüllen. Denn es genügt ja nicht, nur neue äußere Strukturmodelle zu schaffen und in Gang zu setzen – eine zeitgemäße schulische und ebenso außerschulische Arbeit erfordert vorrangig die Umsetzung einer revidierten methodisch-didaktischen Praxis. Und dies im Sinne größtmöglicher Ganzheitlichkeit, Flexibilität, Variabilität, Selbstbestimmung, Selbstverantwortung und Lebensnähe – ganz nach dem Credo von Georg Kerschensteiner. Und dazu gehört auch »der Mut zur Lücke« – oder anders gesagt: Das Prinzip des Exemplarischen mit dem Angebot zur Vertiefung.

Der heutige Tag, der 6. Juli, war einmal, vor ziemlich langer Zeit, der größtmögliche Unglückstag für einen ernsthaften, aufrechten, kritischen und selbstbewussten Pädagogen und Prediger. Ich meine den tschechischen Reformator Jan Hus, der vor 589 Jahren – also 1415 – während des Konstanzer Konzils der Römischen Kirche als verderblicher Ketzer auf dem Scheiterhaufen hingerichtet wurde.

Ähnliches – nämlich eine Demontage der Ansichten und Leistungen unseres Stadtschulrats der »leuchtenden Jahre« als deren symbolische Verbrennung – ist hier und heute wohl nicht zu erwarten. Stattdessen rechne ich eher mit dem Lichtschein von Vergoldung und Verklärung nicht ohne Weihrauch – mit einer Besinnung, in der die unabgebrannten Fackeln seines unbequemen pädagogischen Testaments erneut aufglühen und uns nicht nur erwärmen, sondern auch zu entsprechenden Taten anstacheln.

Doch nun – die Zeit drängt ja besonders in unserer Epoche ihrer unbarmherzigen Beschleunigung – Bühne frei für Herrn Professor Wehle.

»Friedensfest der Münchner Schuljugend« am 9. Mai 1896 auf dem Königsplatz anlässlich der 25. Wiederkehr des Friedens von Versailles und der Gründung des Deutschen Reiches nach dem deutsch-französischen Krieg von 1870/71. Mit dieser Großveranstaltung mit über 20 000 Münchner Kindern an der Freitreppe vor der Fassade der Staatlichen Antikensammlung (Klenze/Ziebland 1838–48) stellte sich Georg Kerschensteiner im Beisein von Vertretern der Königsfamilie und Würdenträgern von Staat und Stadt und der Münchner Lehrerschaft einer breiteren Öffentlichkeit vor.

Gerhard Wehle

Erinnerung an Georg Kerschensteiner

Denkanstöße für uns

Vom 25.–27. März 2002 tagte hier in München der 18. Kongress der Deutschen Gesellschaft für Erziehungswissenschaft mit dem Rahmenthema »Innovation durch Bildung«. Nach dem offiziellen Kongressbericht erörterten ca. 1400 Teilnehmerinnen und Teilnehmer in neun Parallelvorträgen, 22 Symposien und acht Roundtables diese Problematik, die nach dem Schock durch die PISA-Studie besondere Aktualität gewonnen hatte. Schon im Eröffnungsvortrag erwog die Referentin, ob das Thema »Innovation durch Bildung« nicht besser durch die Formulierung »Innovation der Bildung« zu bezeichnen sei oder noch treffender als »Entwicklung der Fähigkeiten zu Innovation durch Bildung« präzisiert werden könne. Eine klare Definition von Innovation wurde offensichtlich als bekannt vorausgesetzt, als Aufgabe der Bildung wurde gefordert, dass sie »ihren Beitrag dazu leisten müsse, dass eine Gesellschaft in Vielfalt und Einheit zugleich leben kann«. Wie das geschehen könne, blieb offen – trotz aller Berichte in dem stattlichen Band von 455 Seiten.[1]

Bei all dieser kumulierten Fachkompetenz muss es erstaunen, dass in dem ganzen Dokumentationsband kein Wort darüber verloren wird, dass hier in München zu Beginn des 20. Jahrhunderts eine tief greifende Erneuerung des Volks- und Fortbildungsschulwesens ins Werk gesetzt wurde, die bald überregionale, ja internationale Beachtung fand, geschweige denn, dass dieser Prozess genauer historisch untersucht worden wäre.

Damit bin ich beim Thema: Erinnerung an Georg Kerschensteiner. Ich möchte versuchen, wenigstens ansatzweise verständlich zu machen, warum diese Reform des Münchner Schulwesens zwischen 1895 und 1914 so eng mit dem Namen Georg Kerschensteiner verknüpft wurde, ja geradezu als sein Werk gelobt, bekämpft, gefeiert wurde und in gewissem Sinne auch heute noch wird. Um das Thema auch nur einigermaßen auszubreiten, müssten wir eine Kerschensteiner-Nacht veranstalten; Material habe ich dafür überreichlich, doch ich habe nur eine knappe Stunde Redezeit, muss mich also stark konzentrieren. (Da die Zuhörer anschließend Fragen stellen konnten, war das leicht möglich – für die Druckfassung habe ich einige Passagen neu gefasst und in einigen Anmerkungen auf weiterführende Literatur verwiesen.)

Um Leben und Werk Georg Kerschensteiners vorzustellen, bedürfte es einer umfassenden Biographie – das kann ich hier nicht leisten. Darum konzentriere ich mich zunächst auf die Frage, wie Georg Kerschensteiner Münchner Stadtschulrat wurde, um dann sein Wirken auf dieser Position zu charakterisieren.[2]

I.

»Das größte Glück, das … dem Menschen passieren kann, ist, dass seine Lebensarbeit und sein individuelles Wesen, Veranlagung und Neigung zusammenpassen – Beruf und Berufenheit – und dass er in die Zeit hineingeboren wird, wo er nötig ist: Das Schicksal hat mich auf den Platz gesetzt, der meiner Individualität vollkommen entsprach – und zwar durch den reinen Zufall.«

Diese Kernsätze aus der improvisierten, gleichwohl exakt vorbereiteten Ansprache Kerschensteiners, mit der er sich 1924 für die zahlreichen Ehrungen anlässlich der offiziellen Feier seines 70. Geburtstages im Festsaal des alten Münchner Rathauses bedankte, lassen erkennen, dass er im Alter seinen persönlichen Werdegang als gelungene Lebensleistung verstand – eine Einschätzung, die ihm bis zu seinem Tode eigen blieb.[3] Ohne im Einzelnen zu erörtern, ob Kerschensteiner unter »Zufall« ein Ereignis außerhalb der Gesetzmäßigkeit, ein überraschendes, nicht voraussehbares, geschweige denn planbares Geschehen versteht oder hinter den zufälligen Ereignissen das Walten eines dem Menschen undurchschaubaren »Schicksals« vermutet, gibt doch dieser, auch an anderen Stellen vorfindbare Hinweis auf den Zufall als steuerndes Element einen wichtigen Hinweis zur Interpretation der Biographie Kerschensteiners und zur Deutung seines Lebenswerks.

Der Zufall, den der Jubilar in seiner Dankesrede beschwor, ereignete sich in der ersten Junihälfte des Jahres 1895. Georg Kerschensteiner hatte damals ein wichtiges Ziel seiner Lehrerlaufbahn erreicht: Er war seit 1893 Gymnasiallehrer für Mathematik und Physik am Ludwigsgymnasium seiner Vaterstadt München, sein weiterer Berufsweg schien vorgezeichnet: Gymnasialprofessor – Gymnasialrektor. Da traf er »zufällig« seinen Kollegen, den Gymnasialprofessor Dr. Johannes Nicklas auf der Maximilianstraße. Dieser war vom Magistrat als Nachfolger des Stadtschulrates Dr. Wilhelm Rohmeder, der im März 1895 offiziell »aus gesundheitlichen Gründen«, tatsächlich aber wegen einer persönlichen Querele, um seine vorzeitige Pensionierung hatte bitten müssen, gewählt worden, hatte die Wahl angenommen, musste aber nach einer vom Zentrum inszenierten heftigen Pressekampagne gegen ihn schließlich resignieren: Grund der Angriffe war der Umstand, dass Nicklas Protestant war, die überwiegende Mehrzahl der Münchner Werktagsschulen aber katholische Bekenntnisschulen waren. Kerschensteiner drückte seinem Kollegen sein lebhaftes Bedauern über die erlittene Unbill aus und unterstrich zugleich den Herausforderungscharakter einer solchen Aufgabe; Nicklas erkannte sensibel die Begeisterung seines Partners und fragte spontan, ob dieser denn geneigt wäre, das vakante Amt zu übernehmen und gab das bezeigte lebhafte Interesse den »richtigen« Männern bekannt. In der Tat empfahl sich Georg Kerschensteiner in vielfacher Hinsicht für die Wahrnehmung dieser Position: Er war nominell Katholik (wenn auch nicht in jeder Hinsicht kirchentreu und kein Zentrumsmann), entstammte einer zwar verarmten, aber achtbaren Münchner Familie (sein um 25 Jahre älterer Stiefbruder Joseph aus der ersten Ehe seines Vaters hatte es zu einer führenden Stellung im Medizinalwesen Bayerns gebracht und war in den persönlichen Verdienstadel erhoben worden), hatte seine damals sechsjährige Volksschulpflicht in der Hlg.-Geist-Pfarrschule im Zentrum Münchens absolviert und kannte darum das Leben der Grundschichten der Münchner Bevölkerung aus eigener Erfahrung sehr genau und war schließlich in Freising zum Volksschullehrer ausgebildet worden, wobei die Berufswahl des damals zwölfjährigen Knaben nach eigenem späten Zeugnis nicht seiner pädagogischen Begeisterung, sondern mehr der Option des schulmüden Knaben für die kürzeste erreichbare Ausbildung entsprang. 1871 trat er mit einem hervorragenden Zeugnis in den Schuldienst ein und war zunächst in Forstinning im Amte Ebersberg, dann in Lechhausen bei Augsburg und schließlich in Augsburg selber als Schulgehilfe tätig. Leitbild der Lehrerausbildung war damals der »Allround-Lehrer« für alle Fächer und Stufen der Volksschule, ein Ziel, das nur dadurch erreicht werden konnte, dass die Seminaristen sich ein umfangreiches Pensum gedächtnismäßig aneignen mussten. Immer mehr jedoch musste der junge Lehrer an sich erfahren, dass bloß gedächtnismäßig angeeignetes enzyklopädisches Wissen allein nicht lebenstüchtig macht. Die schmerzlich erfahrene Bildungskrise wurde schließlich so tief, dass er sich entschloss, die eben erlangte Sicherheit der Lehrerlaufbahn aufzugeben, um den Gymnasialabschluss nachzuholen und ein akademisches Studium zu absolvieren. Mit großer Energie und unter vielen Entbehrungen bereitete er sich zunächst autodidaktisch auf die Aufnahme in die Oberklasse des Gymnasiums vor, absolvierte die Unter- und Oberprima und studierte nach erlangtem Gymnasial-Absolutorium an der Universität und an der Technischen Hochschule in München Mathematik und Physik. 1881 bestand er den Staatskonkurs (Prüfung für das Lehramt am Gymnasium) mit »gut«, 1883 wurde er mit einer mathematischen Dissertation »Über die Kriterien für die Singularitäten rationaler Kurven vierter Ordnung« mit Höchstprädikat zum Dr. phil. promoviert. Ab 1883 war er im höheren Schuldienst zunächst in Nürnberg, dann in Schweinfurt und ab 1893 schließlich in München tätig. Im Magistrat beeindruckte nicht nur die hervorragende fachliche Qualifikation des Kandidaten, sondern auch die Konsequenz und Energie, mit der er seinen für die damalige Zeit höchst ungewöhnlichen Bildungsweg gestaltet hatte. So war es nicht verwunderlich, dass er von beiden Gemeindegremien einstimmig zum neuen Stadtschulrat von München gewählt wurde. Kurz darauf wurde er von der Regierung zum »Königlichen Schulkommissär« ernannt.[4]

2.

Obwohl Kerschensteiner in den Münchner Lehrerkreisen so gut wie unbekannt war, wurde der neu gewählte Schulrat allgemein freundlich begrüßt. Bei seiner Amtseinführung in der 52. Plenarsitzung des Magistrats vom 13.8.1895 legte er nach den üblichen Dankesworten seine pädagogischen Grundsätze mit schlichten Worten dar, die aber die Richtung seiner Arbeit bereits erkennen ließen:

»... über die Ziele, welche unserer Volksschule gesteckt sind, und

Antrittsrede im Magistratscollegium.

M. H.! Es obliegt mir zunächst die Pflicht, Ihnen für das allseitige Vertrauen, mit dem Sie mich auf diesen wichtigen Posten berufen haben, meinen wärmsten Dank auszusprechen. Ich trete mit diesem Tage in ihren engern Kreis, dessen einzige Aufgabe es ist für das Wohl einer großen rasch aufblühenden Stadt, die überdieß meine Vaterstadt ist, zu sorgen und ich bin mir sehr wohl bewußt, daß ich einem der wichtigsten Teile dieser Aufgabe von nun ab meine ganze Kraft werde zu widmen haben. Als vor einigen Wochen zum ersten Male durch die einstimmige Wahl des hohen Magistrates mir die Gewißheit wurde, daß ich nunmehr eine neue zugleich schwierigere Aufgabe zu lösen haben werde, als sie mir die Vergangenheit geboten hatte, war es darum auch keineswegs das Gefühl der Freude das mich zuerst beherrschte, sondern das der Verantwortung.

Es ist ein anderes Ding im Geleise der normalen Laufbahn immer höhere Aufgaben und Pflichten zu übernehmen zu müssen, und ein anderes Ding sich mit einem Male vor einer teilweise ganz neuen Arbeit zu befinden. Dort handelt es sich nur um eine concentrische Erweiterung der Pflichtkreise, innerhalb derer man sich bisher bewegte, und in dem wohlerworbenen Zeugnis aus dem Staatsexamen hatte man es gleichsam schwarz auf weiß, daß man für die Lösung all der kommenden Aufgaben befähigt sei. Hier aber, an der Spitze eines reich entwickelten Schulwesens, an einer Stellung die vom Parteileben am stärksten umflutet wird, in einem Amte das den Lehrer wie den Verwaltungsbeamten gleich in Anspruch nimmt, das eine Summe von politischem, pädagogischem wie collegialem Takt erfordert, für ein solches Amt giebt es keine staatliche Qualification a priori, und jeder der es bisher mit der Erfüllung seiner Pflichten ernst ge-

Beginn des Manuskripts der Antrittsrede, mit der sich Georg Kerschensteiner dem Magistratskollegium der kgl. Haupt- und Residenzstadt München am 13. August 1895 nach seiner Ernennung zum Stadtschulrat präsentierte.

über die Mittel, welche zur Erreichung dieser Ziele tauglich erscheinen, sind wohl alle zurzeit einig. Es handelt sich wohl nur darum, in unsere Jugend eine lebenskräftige Aussaat zu streuen, welche sie befähigt, dereinst in der großen Lebensgemeinschaft, die wir Vaterland nennen, zum Wohle des Nächsten und zum eigenen Wohle ihren Platz auszufüllen. Darum suchen wir vor allem viererlei zu erreichen: 1. die Aneignung klarer, einfacher Kenntnisse und Fertigkeiten, 2. Kräftigung des Körpers, soweit es der Schule möglich ist, und Hebung körperlicher Gewandtheit, 3. Erweckung eines reinen, tiefen und innigen Gefühles für das Wahre, Gute und Schöne und 4. Kräftigung des Willens für Sittlichkeit und Arbeit. Und wie die Ziele klar vorgegeben sind, sind es auch die Mittel: 1. Erziehung zum Guten auf religiöser Grundlage. 2. die Aneignung von Kenntnissen und Fertigkeiten durch den Unterricht auf Grund unserer bewährten Methode bei tunlichster Beschränkung des Lehrstoffes zugunsten einer möglichen Vertiefung desselben. 3. Kräftigung des Körpers durch die Pflege des Turnens und des Turnspieles und des Handfertigkeitsunterrichtes und endlich 4. Stärkung des Willens wohl durch alle Mittel gleichzeitig.

… Nun glaube ich, bei Beginn meiner Amtstätigkeit verpflichtet zu sein, mit einem Worte den Weg zu kennzeichnen, den mir meine innerste Überzeugung zu gehen vorschreibt. Ich habe bisher – und dies hat mein Beruf mit sich gebracht – mein Leben fern von dem Schauplatz, auf welchem das Parteileben spielt, zugebracht. Nichtsdestoweniger habe ich mich fern gehalten von dem sozialen Philistertum, das in Gleichgültigkeit gegen die Schicksale des Staates und der Gesellschaft oft weit mehr schadet als der ehrliche, wenn auch lebhafte Kampf der Parteien. Vielmehr habe ich stets das lebhafteste Interesse an der Gesamtentwicklung des Vaterlandes und der menschlichen Gesellschaft überhaupt empfunden. Unberührt von der Hitze des Kampfes konnte ich als objektiver Beobachter mir meine Meinung bilden und getragen von meinem Optimismus und überzeugt davon, dass die edelste Eigenschaft des Geistes sein unstillbares Sehnen und Ringen nach Wahrheit ist, dass aber doch das Irren etwas Menschliches ist, bin ich zu der Ansicht gelangt, dass ich allen dann am besten gerecht werde, wenn ich den Weg gehe, der durch die Worte vorgezeichnet ist: cuique libertas, in omnibus charitas, jedem ehrlichen Manne Freiheit der Überzeugung, in allen Dingen christliche Nächstenliebe …« (GK bei Englert 1970, 68–70)

Seine Zuhörer, die ihm lebhaften Beifall spendeten, mochten an seiner Rede bemerkt haben, dass er es klug vermieden hatte, nach dem Parteien- und Konfessionenstreit der letzten Wochen für eine Seite klar Position zu beziehen, sondern die Verantwortung vor dem Ganzen betont und nüchterne Sachlichkeit als Richtschnur seiner künftigen Tätigkeit herausgestellt hatte. Kritische Zuhörer registrierten, dass sich der Redner auf keine der damals herrschenden pädagogischen Theorien berufen hatte. Wohl keiner aber konnte wahrscheinlich ermessen, dass in den pädagogischen Passagen der Antrittsrede weit greifende Zielvorstellungen seiner künftigen Amtsführung angeklungen waren, wie sich im Folgenden noch zeigen wird.

Zunächst musste sich der neu gewählte Stadtschulrat mit seinem neuen Wirkungskreis vertraut machen: Ihm oblag die Fachaufsicht über sämtliche Werktagsschulen der Stadt (einschließlich der ihnen angeschlossenen Kindergärten und der auf die damals siebenjährige Pflichtschule aufbauenden allgemeinen gewerblichen Fortbildungsschulen und Sonntagsschulen), der drei städtischen höheren Schulen (im damaligen süddeutschen Sprachgebrauch »Mittelschulen« genannt): der Handelsschule für Knaben, der Riemerschmidschen Handelsschule für Mädchen und der Höheren Töchterschule, sowie der Städtischen Gewerbeschulen für freiwilligen Besuch für Gesellen und Meister.[5]

Im Schuljahr 1894/95 hatte München 28 Volksschulen mit 903 Klassen, in denen 36385 Schülerinnen und Schüler von 859 Lehrkräften im Hauptamt unterrichtet wurden; im Schuljahr 1913/14 waren es 58 Schulen mit 1490 Klassen, in denen 75088 Schülerinnen und Schüler von 1993 Lehrkräften unterrichtet wurden, wobei in diesen Zahlen die zwischenzeitlich erfolgte Erweiterung der Schulpflicht auf acht Vollzeitschuljahre eingeschlossen ist (die Einwohnerzahl Münchens war in dieser Spanne von 407000 auf 640000 gestiegen). Bereits diese wenigen Daten lassen das immense Arbeitspensum in den Blick kommen, das zu bewältigen war, vor allem wenn man bedenkt, dass der Stadt München das Präsentationsrecht für neu einzustellende Lehrer eingeräumt war und viele Lehrkräfte auf dem flachen Land sich sehr um eine Versetzung in die Hauptstadt bemühten. Während sich der neue Schulrat seinen ihm unterstehenden Lehrern auf besonderen Lehrerversammlungen vorstellte, präsentierte er sich der breiten Öffentlichkeit bei

Vorschulische Rhythmikerziehung im Kindergarten an der Alfonsstraße

der von ihm organisierten Feier der Münchner Schuljugend anlässlich des 25-jährigen Friedensfestes von 1871 am 9. Mai 1896.[6] Etwa 20000 Schülerinnen und Schüler versammelten sich an diesem Tage in ihren Sonntagskleidern auf dem Königsplatz mit seinen eindrucksvollen klassizistischen Bauten, wo auf einer eigens errichteten Ehrentribüne Angehörige der königlichen Familie und die Honoratioren von Stadt und Staat Platz genommen hatten: Es war die größte Versammlung der Münchner Schuljugend, die je stattgefunden hat. Umrahmt von Bayernlied und Deutschlandlied stand im Mittelpunkt die Ansprache des Stadtschulrates, in der er das Vaterland als eine »einzige große Familiengemeinschaft« pries und die Jugend aufforderte, ihm »mutig und fest und treu bis zum Tode« zu dienen. Darauf folgte ein kurzes Weihespiel, in welchem Münchner Kinder der Germania als Sinnbild der neuen Reichseinheit Treue gelobten. Auch bei anderen Gelegenheiten wie dem

Geburtstag des Kaisers und den verschiedenen Jubiläen des Hauses Wittelsbach ließ es sich der Schulrat nicht nehmen, in gleichem Sinne und ähnlichem Stil das Wort zu ergreifen.

Wenn man den quantitativen Ausbau des Schulwesens noch als eine Routineaufgabe jedes Schulrats ansehen kann, so wird die große Leistung Kerschensteiners erst erkennbar, wenn wir nun den qualitativen Ausbau der ihm anvertrauten Schulen in den Blick nehmen. Es waren zwei Problemkreise, die der neue Schulrat zu bewältigen hatte: die seit langem fällige Reorganisation des Fortbildungsschulwesens und die Revision des Lehrplanes für die Realienfächer der Volksschule. Allem Flickwerk abhold, suchte Kerschensteiner in beiden Fällen eine in sich stimmige Gesamtlösung. Obwohl beide Problemfelder innerlich eng aufeinander bezogen sind, Erfolge und Misserfolge auf einem Gebiet auch auf das andere zurückwirken, sollen sie der besseren Übersichtlichkeit der Darstellung wegen getrennt behandelt werden.

3.

Bereits seine Amtsvorgänger hatten versucht, die allgemeinen gewerblichen Fortbildungsschulen für Jungen und die Sonntagsschulen für Mädchen auf eine neue Basis zu stellen, ohne dass freilich eine überzeugende Lösung gelungen wäre. Dass die bestehenden Einrichtungen, die sich auf die Wiederholung des Volksschulpensums beschränkten, weder bei den Schülern, noch bei den nebenamtlich tätigen Volksschullehrern beliebt, sondern ihnen lästig waren und darum auch ohne pädagogische Erfolge blieben, war allgemein bekannt. Doch bevor der neue Stadtschulrat Verbesserungsvorschläge machte, informierte er sich auf mehreren Studienreisen in Österreich, der Schweiz und in anderen Städten und Ländern des Deutschen Reiches über die dort entwickelten Organisationsmodelle. Seine Erfahrungen und die von ihm daraus gezogenen Schlussfolgerungen unterbreitete er in einem umfangreichen Werk zunächst als interne Denkschrift den Münchner Gemeindegremien; das Buch wurde – der großen externen Nachfrage wegen – 1901 auch unter dem Titel »Beobachtungen und Vergleiche über Einrichtungen für gewerbliche Erziehung außerhalb Bayern« offiziell publiziert. Entgegen den im Titel erweckten Erwartungen bietet das Buch weit mehr: eine Analyse der aktuellen Situation und Vorschläge zur Bewältigung der pädagogischen Aufgaben. Kerschensteiner stellt fest, dass für die aus der Volksschule entlassenen Jugendlichen keine ausreichenden pädagogischen Angebote bestehen, die ihre Eingliederung in Staat und Gesellschaft gewährleisten:

»Das Bewusstsein, dass die geradezu mustergültigen Volksschuleinrichtungen vieler großer Städte bei dem dermaligen Mangel an geeigneten weiteren Erziehungseinrichtungen durch die dicht auf die Volksschulpflicht folgenden Einflüsse des großstädtischen Lebens in ihren besten Wirkungen verkümmern, dass die mit Verständnis und Opfern erarbeitete Zucht des Nachwuchses für Staats- und Gemeindezwecke wieder zumeist verloren geht, sollten Staat und Gemeinde ernstlich auf Mittel sinnen lassen, diesem Übelstande abzuhelfen. Nun ist es keineswegs leicht, nach vollendeter Werktagsschulzeit größeren erzieherischen Einfluss auf die in vielen Fällen ihrem freien Willen anheim gegebenen Knaben zu gewinnen, zumal auch noch eine Reihe wirtschaftlicher und sozialer Verhältnisse hindernd im Weg stehen. Der einzige sichere Weg ist, ihr volles Interesse zu gewinnen. Haben wir dieses, so haben wir auch ihr Vertrauen, und haben wir ihr Vertrauen, so haben wir auch ihre Führung. Aber das Interesse des Knaben fesseln wir vor allem, wenn der Unterricht den gewerblichen Beruf des Knaben ins Auge fasst; wie weit es darüber hinaus gewonnen wird, hängt davon ab, wie weit es uns gelingt, die übrige geistige Erziehung mit den Berufsinteressen zu verschmelzen.« (a.a.O.[5])

Als Ergebnis seiner Studienreisen kristallisieren sich ihm fünf Grundbedingungen einer guten Fortbildungsschule heraus:

(1) Ausschluss des Abend- und Sonntagsunterrichts für die theoretischen und zeichnerischen Fächer; (2) Organisation nach den Hauptgewerbegruppen (Fachschulsystem); (3) Anstellung von besonderen Berufsgewerbelehrern und Gewerbsmeistern für den praktischen Unterricht, (4) eigene Zentralschulgebäude mit zweckentsprechenden Einrichtungen und Werkstätten; (5) hauptberufliche Schulleiter.

Analysiert man die das Werk abschließenden »Grundsätze für die Organisation des niederen gewerblichen Bildungswesens«, so wird deutlich, dass Kerschensteiner keine neuen originellen Konzepte vorstellt, aber die andernorts gefundenen Elemente für die Organisation in München kombiniert und neu gewichtet. Der zentrale Punkt bei seiner Konzeption war die Forderung nach Schulwerkstätten, die als Ergänzung und systematische Strukturierung der Meisterlehre das elementare egoistische Interesse ihrer Schüler nicht nur gewährleisten, sondern auch überhöhen sollten, indem im Werkstattbetrieb elementare soziale Tugenden praktisch und nicht nur verbal eingeübt werden sollten.

Er war sich von Anfang an bewusst, dass sein für die damaligen Verhältnisse maximaler Organisationsvorschlag von allen Beteiligten erhebliche Anstrengungen und Opfer erforderte: von der Stadt München, die für die Errichtung von mindestens vier neuen Zentralschulgebäuden, die laufenden Betriebskosten für den wesentlich erweiterten Betrieb und für die Anstellung einer angemessenen Zahl hauptamtlicher Lehrkräfte aufkommen musste und für die Meister, die dafür gewonnen werden mussten, ihre Lehrlinge für acht Stunden Tagesunterricht während der ganzen Lehrzeit freizustellen.

Es war ein geschickter Zug, dass Kerschensteiner seinen Plan zuerst am 19. Januar 1900 auf einer Versammlung des Münchner Allgemeinen Gewerbevereins vorstellte, zu der auch eine Reihe von Ehrengästen eingeladen war. Der Vortrag wurde sehr günstig aufgenommen, und so war die Beratung in den städtischen Gremien gut vorbereitet – sowohl sachlich (der Bericht wurde Anfang März verteilt) als auch stimmungsmäßig. Nach internen Ausschussberatungen fanden die beiden entscheidenden Sitzungen am 24. April (Magistrat) und am 3. Mai (Kollegium der Gemeindebevollmächtigten) statt. Kerschensteiner bekam ungeteilte Zustimmung und erntete höchstes Lob aus dem Munde des Bürgermeisters von Borscht; das Kollegium der Gemeindebevollmächtigten erhob sich ihm zu Ehren von den Sitzen.

Die Umsetzung dieser Grundsatzbeschlüsse in eine funktionsfähige Fortbildungsschulorganisation erfuhr durch einen äußeren Umstand einen erheblichen Schub, bei dem der »Zufall« eine große Rolle spielte. Am 13. Mai 1900 wandte sich Dr. Karl August Baumeister, der in der Fachwelt als Verfasser zahlreicher pädagogischer Werke bekannt war, als kaiserlicher Ministerialrat das Schulwesen im Elsass neu geordnet hatte und nun in München im Ruhestand lebte, an Kerschensteiner und teilte ihm mit, dass die Königliche Akademie gemeinnütziger Wissenschaften zu Erfurt am 25.4.1900 eine Preisaufgabe gestellt habe: »Wie ist die männliche Jugend von der Entlassung aus der Volksschule bis zum Eintritt in den

Heeresdienst am zweckmäßigsten für die bürgerliche Gesellschaft zu erziehen?« Dabei wurde das Thema durch einen erläuternden Text näher präzisiert: »Es sollen die Ziele einer allgemein sittlich-intellektuellen Erziehung unserer männlichen Jugend im Gegensatz zu einer bestimmten Berufserziehung dargelegt werden, unter Angabe der Mittel, welche geeignet erscheinen, dieselben zu schützen vor der Gefahr, entweder hilflos sich selber überlassen zu bleiben oder den Umsturzparteien zum Opfer zu fallen.« – Baumeister, der selbst Ehrenmitglied der Erfurter Akademie war, bat ihn zugleich, das Thema in seinen Kreisen publik zu machen. Kerschensteiner sandte ihm darauf ein Exemplar des Vorlageberichts, wofür sich Baumeister mit großer Zustimmung bedankte und Kerschensteiners Organisationsplan als einzig mögliche Antwort auf die Preisfrage bezeichnete. Dadurch ermutigt, entschloss sich Kerschensteiner, selber am Preisausschreiben teilzunehmen; am 22.6.1901 erkannte die Preiskommission der Abhandlung Kerschensteiners den Preis (unter 75 eingereichten Arbeiten) zu, am 26.6.1901 wurde er zum »auswärtigen und korrespondierenden Mitglied« der Akademie ernannt.[7]

Trotz dieser Auszeichnung bedurfte es langwieriger intensiver Anstrengungen, die projektierten fachlichen Fortbildungsschulen Wirklichkeit werden zu lassen. Die Zustimmung der Innungen und Gewerbeverbände gewann Kerschensteiner vor allem dadurch, dass er ihnen Mitspracherechte bei der Planung und Ausgestaltung der jeweiligen Schulen einräumte, und er brachte es sogar fertig, dass sich die Verbände bereit erklärten, die laufenden Materialkosten für den Unterrichtsbetrieb zu übernehmen. 1906 war der Aufbau im Wesentlichen geschafft: In München bestanden 46 Fachliche Fortbildungsschulen, die in vier eigenen Schulgebäuden untergebracht waren und eigene Schulwerkstätten hatten. Einzelne fachliche Fortbildungsschulen waren dezentral untergebracht; daneben bestanden 12 »Bezirksfortbildungsschulen« für Jugendliche, die in keinem Lehrberuf standen. Bis zum Schuljahr 1913/14 kamen weitere Schulen dazu, so dass bei Ausbruch des Ersten Weltkriegs in München insgesamt 55 gewerbliche Fortbildungsschulen mit 9743 Schülern bestanden, zu denen noch 13 Bezirksfortbildungsschulen mit 976 Schülern kamen, die in keinem oder noch keinem Lehrverhältnis standen oder einem Gewerbe mit so wenigen Lehrlingen angehörten, dass eine eigene Fachschule nicht gegründet werden

Stadtschulrat Georg Kerschensteiner (rechts) beim Unterrichtsbesuch der Ausbildung der Gastwirte in der Gewerbeschule an der Luisenstraße

Praktische Ausbildung der Metzgerlehrlinge bei der Schweineschlachtung am Münchner Schlacht- und Viehhof

konnte. Der Umstand, dass nur neun Prozent der fortbildungsschulpflichtigen Jungen nicht in einer Fachlichen Fortbildungsschule betreut wurden, zeigt, dass der Organisationsplan gut auf die damaligen Münchner Ausbildungsverhältnisse abgestimmt war.[8]
Die für das Schuljahr 1914/15 bereits beschlossene Ausweitung des Konzepts auf die weiblichen Fortbildungsschulen wurde bis Kriegsende aufgeschoben. Geplant waren eine kaufmännische, eine gewerbliche und eine hauswirtschaftliche Abteilung.

4.

Während der Vorstoß ins Neuland der Verwirklichung fachlicher Fortbildungsschulen trotz anscheinend großer Hindernisse entgegen allen Erwartungen überaus glücklich gelang, erwies sich die Aufgabe der Erneuerung der traditionellen Werktagsschule als wesentlich schwieriger als zunächst angenommen.

Dabei begann die Sache ganz einfach: der Münchner Bezirkslehrerverein hatte nach dem Rücktritt Rohmeders die Vakanz benutzt, um der Lokalschulkommission in einer Petition mehrere Wünsche vorzutragen, darunter auch die Bitte, den von Dr. Rohmeder 1880 entworfenen Lehrplan zu revidieren und dabei die Forderungen für den Unterricht in den weltkundlichen Fächern (Geschichte, Geographie, Naturgeschichte, Physik, Chemie) zu vermindern. Statt wie offensichtlich erwartet eine Kommission einzusetzen, nahm sich der neue Stadtschulrat – nachdem er sich durch zahlreiche Schulbesuche ein Bild von der Situation verschafft hatte – der Sache selber an, entwarf einen neuen Lehrplan, leitete ihn einer speziell ernannten Kommission und allen Oberlehrern zur Stellungnahme zu, gewann die Zustimmung der Lokalschulkommission und der Regierung – und erntete allgemeine Enttäuschung und Ablehnung bei der Lehrerschaft, die sich in ihren Erwartungen auf Stoffreduzierung enttäuscht sah.

Kerschensteiner hatte nämlich den Hauptmangel des bestehenden Lehrplans nicht in der Fülle des Lehrstoffes schlechthin, sondern in der Anordnung des Stoffes gesehen, die von Rohmeder nach dem damals allgemein akzeptierten Prinzip der mechanischen konzentrischen Kreise vorgenommen worden war. Um dies den Lehrern nahe zu bringen, publizierte er 1899 seine umfangreiche Schrift »Betrachtungen zur Theorie des Lehrplanes«, worin er nicht nur die didaktische Konzeption der Stoffanordnung nach konzentrischen Kreisen (wobei in jedem Schuljahr derselbe Stoff – unter gewisser Erweiterung – behandelt wird), sondern auch die Kulturstufentheorie der Herbart-Zillerschen Schule und das Prinzip der »Lebensgemeinschaften« scharf kritisierte. Die Reaktion aus dem Lager der Herbart-Zillerschen Pädagogik, die damals den Anspruch erhob, die einzige »wissenschaftliche« Pädagogik zu sein, ließ nicht auf sich warten und brachte sein theoretisches Gebäude in arge Bedrängnis. Doch er ließ sich nicht beeindrucken, änderte in der zweiten Auflage 1901 des Lehrplanbuches einige Passagen und kämpfte weiter um seinen Lehrplanentwurf, bis dieser im Juli 1911 endlich und endgültig genehmigt war.[9]

Bereits sein Amtsvorgänger Dr. Rohmeder hatte 1894 die Einrichtung freiwilliger achter Knabenklassen erfolgreich begonnen; dies griff der neue Schulrat tatkräftig auf und begann damit, praktischen Unterricht in Holz- und Metallbearbeitung in eigens eingerichteten Schulwerkstätten unter strenger handwerksgerechter Arbeitsweise einzuführen, wozu er nicht die dafür unvorbereiteten Volksschullehrer, sondern aus dem Gewerbestande stammende »Gewerbelehrer« einstellte. 1896 wurden auf seine Initiative hin auch freiwillige achte Mädchenklassen eingerichtet; auch sie begnügten sich nicht mit einer bloßen Erweiterung des Volksschulwissens, sondern stellten die Vorbereitung auf die künftigen Lebensaufgaben der Mädchen als Hausfrau und Mutter in den Mittelpunkt. Das führte dazu, die Schulküche und den Schulgarten als zentrale Themen zu wählen, um die sich alle anderen Fächer gruppierten. Mit dieser Konzentration auf die zukünftigen beruflichen Anforderungen suchte der Schulrat sich der Interessen der Jugendlichen zu vergewissern, handelte sich andererseits aber auch den Vorwurf der seminaristisch ausgebildeten Lehrer ein, er »verhandwerkere« die Schule. Ab Herbst 1907 wurde das achte Volksschuljahr zunächst für die Knaben obligatorisch; zugleich führte er in den achten Knabenklassen Schülerlaboratorien für den Unterricht in Physik und Chemie ein. Das Obligatorium für die Mädchen war für Herbst 1914 fest beschlossen, musste aber wegen des Kriegsausbruchs bis nach Kriegsende verschoben werden. Bei allen seinen Reformen ließ er sich im Wesentlichen von folgenden Grundsätzen leiten: Der Unterricht muss an die echten Interessen der Heranwachsenden anknüpfen, und diese sind für ihn weitgehend praktische und nicht theoretische. Darum muss die

Schule ein weites Feld für praktisches Tun bereitstellen, denn durch eigene Arbeit erworbenes Erfahrungswissen ist bildungswirksamer als durch bloße Mitteilung angeeignetes Gedächtniswissen, woraus wiederum die Forderung nach Reduzierung des Stoffes folgt, damit gründliche Arbeit möglich ist. Schließlich soll sich möglichst der ganze Unterricht im Geiste der Arbeitsgemeinschaft vollziehen, da soziales Verhalten praktisch geübt werden muss, nicht aber durch bloßes Auswendiglernen von Verhaltensregeln gesichert werden kann. Darin sah er den Hauptbeitrag der Schule zur Lösung des Problems der staatsbürgerlichen Erziehung.

Alle diese Momente klingen bereits in seiner zitierten Antrittsrede an, und er hat sie zusammenhängend in seiner Festrede auf der Pestalozzifeier in Zürich im Jahre 1908 unter das Schlagwort »Arbeitsschule« gestellt; 1911 fasste er diese Konzeption in seinem Vortrag über den Begriff der Arbeitsschule auf dem ersten Kongress des »Bundes für Schulreform« in Dresden systematisch zusammen. Aus dem Dresdner Vortrag ging sein Buch »Begriff der Arbeitsschule« hervor, das – mehrfach erweitert – zu seinen Lebzeiten acht Auflagen, nach dem Zweiten Weltkrieg weitere neun Auflagen erfuhr und in zwölf Sprachen übersetzt wurde.[10]

Die Umstellung des Unterrichtsbetriebes in den anderen Klassenstufen nach den Prinzipen der Arbeitsschule gelang jedoch nur partiell; zwar wurde, gestützt auf eine breit angelegte empirische Untersuchung Kerschensteiners über die Entwicklung der zeichnerischen Begabung[11], eine Reform des Zeichenunterrichts eingeleitet, die nicht nur im Gegensatz zum »alten«, sondern auch zu den meisten neueren Ansätzen stand; ferner wurden Schulgärten angelegt, Raupenkästen und Aquarien in die Schulen gebracht und in den dritten und vierten Schuljahren Blumenzwiebeln gezogen – eine Realisierung des Arbeitsschulprinzips in allen dafür geeigneten Fächern erfolgte jedoch nicht. Sie scheiterte an dem zähen Widerstand eines Teils der Lehrerschaft, was auch die Bereitschaft zur Bewilligung zusätzlicher Mittel in den Gemeindegremien stark bremste.[12]

5.

Hatte schon die Preisverleihung der Erfurter Akademie die Aufmerksamkeit der pädagogischen Fachwelt auf München und die Person Georg Kerschensteiners gelenkt, wurde dieser Effekt durch zwei weitere Ereignisse noch beträchtlich verstärkt. 1902 wurde er von Oskar Pache eingeladen, am 6. Deutschen Fortbildungsschultag zu Düsseldorf das Grundsatzreferat über die Neugestaltung der Fortbildungsschule für Mädchen zu halten; abgesehen davon, dass seine Vorschläge, die ganz dem damals vorherrschenden bürgerlichen Rollenverständnis von Mann und Frau entsprachen, weitgehend akzeptiert wurden, war allein die Tatsache, dass er damit den Kreisen der Fortbildungsschulpädagogen persönlich bekannt wurde, für die weitere Beachtung seine Münchner Organisationen wichtig.

Noch gravierender war der Umstand, dass Kerschensteiner sehr früh lebendige Kontakte zu Persönlichkeiten fand, die sich um eine grundlegende Reform des gesamten deutschen Schulwesens bemühten. Obwohl er 1901 lediglich als Vertreter der Stadt München zum ersten deutschen Kunsterziehungstag nach Dresden anreiste und dort nicht in die öffentliche Diskussion eingriff, muss doch seine persönliche Ausstrahlung so nachhaltig gewirkt haben, dass er gebeten wurde, den Vorsitz des zweiten Kunsterziehungstages 1903 in Weimar zu übernehmen. Damit gewann er eine feste Position im Kreise der Reformer: 1908 war er bei der Gründung des »Bundes für Schulreform« maßgeblich beteiligt, 1911 hielt er auf dem Dresdner Kongress – wie schon erwähnt – ein Hauptreferat über den Begriff der Arbeitsschule und 1912 wurde der zweite Kongress des Bundes in München abgehalten, wobei er nicht nur die Rolle des Gastgebers souverän spielte, sondern wiederum ein Hauptreferat hielt. Als sich schließlich der Bund für Schulreform zum »Deutschen Ausschuss für Erziehung und Unterricht« umgestaltete, wurde Georg Kerschensteiner sein Vorsitzender und genoss als dieser bis ins hohe Alter große Achtung im ganzen Reich.

Ein zweiter Weg, sich überregionaler Anerkennung zu vergewissern, war die Propagierung der Münchner Organisationserfolge; dadurch wurden von Jahr zu Jahr mehr auswärtige Besucher nach München geführt, die das vorbildliche Schulwesen der Stadt und seinen Schöpfer kennen lernen wollten. Der rührige Schulrat versorgte die auswärtigen Besucher mit sachlichem Informationsmaterial wie den in Anmerkung 5 und 8 zitierten Drucksachen und war bedacht, alle auswärtigen Einzelbesucher und Kommissionen namentlich zu publizieren – waren sie doch lebendige Zeugen für die Hochschätzung der Münchner Schulorganisation. Aus manchen dieser Besuche wurden persönliche Freundschaften, so z.B. mit dem Züricher Erziehungsdirektor Fritz Zollinger, aus der nicht nur die Einladung von 1908 zur Pestalozzifeier, sondern eine lebenslange Verbundenheit entsprang. Manche Besuche führten zu Einladungen an Kerschensteiner zu Vorträgen über sein Werk in ihre Heimatstädte und -länder. Da er es verstand seine Vorträge zu Abhandlungen, manche sogar zu Monographien auszubauen, schuf er sich ein Forum weit über den Kreis der jeweiligen Zuhörer bzw. Besucher hinaus.[13]

Besondere propagandistische Höhepunkte waren jedoch mehrere pädagogische Kongresse, die sehr viele Besucher nach München führten: So fand Pfingsten 1906 die VII. Deutsche Lehrerversammlung in München statt, zu der etwa 4500 Volksschullehrer in die bayerische Residenzstadt kamen; im Herbst desselben Jahres bot der 9. Deutsche Fortbildungsschultag in München über 800 Fortbildungsschulpädagogen aus dem ganzen Deutschen Reich Gelegenheit, die eben zu einem ersten Abschluss gebrachte Neuorganisation der fachlichen Fortbildungsschulen kennen zu lernen. 1908 tagte der Deutsche Städtetag in München und verhandelte – selbstredend mit einem Hauptreferat Kerschensteiners – einen ganzen Tag lang über die zweckmäßigste Gestaltung der Fortbildungsschule. Auch die Ausstellung »München 1908« im gleichen Jahr bot willkommene Gelegenheit, die geleistete Arbeit einer breiten Öffentlichkeit zu präsentieren.[14]

Die zahlreichen Vortragsreisen des Schulrates im In- und Ausland, die Irritationen des laufenden Schulbetriebs durch die immer häufigeren Hospitationen auswärtiger Gäste, die fortschreitende Umgestaltung des herkömmlichen Schulbetriebs nach den Vorstellungen des tatenfreudigen Schulrats wurden in München nicht nur als Zeichen seiner Tüchtigkeit und Anerkennung interpretiert, sondern von sein Gegnern auch zunehmend kritisch betrachtet. Als schließlich 1910 der Schulrat zunächst nach Wien, dann nach Schweden und im Herbst für drei Monate in die USA reiste – von mehreren kurzfristigen Vortragsreisen in Deutschland abgesehen –, begann eine nicht zu überhörende Kritik an dem »Reiseschulrat«, der sich damals eine Absagekarte drucken lassen musste, um alle dringlichen Einladungen zu Vorträgen und Zeitschriftenbeiträgen abzublocken.

So war es vielleicht nicht nur seine aufrechte liberale Gesinnung, seine große Bekanntheit bei der Münchner Bevölkerung und auch nicht sein unermüdliches Eintreten für die Intensivierung der staatsbürgerlichen Erziehung, das die Münchner Liberalen dazu bestimmte, ihn 1912 als Kandidaten für die Reichstagswahl für den Wahlkreis München II zu nominieren, obwohl er keiner der liberalen Parteien als Mitglied angehörte. Zumindest liegt die Vermutung nahe, dass maßgebliche Münchner Kreise nicht uninteressiert waren, die Aktivitäten des Schulrats auf diese Weise auf ein anderes Feld zu lenken. Kerschensteiner gewann die Stichwahl knapp und zog in den Reichstag ein. Während er zu den Sitzungsperioden in Berlin weilte, wurde er von seinem Stellvertreter – Schulrat Schmid – bei den laufenden Amtsgeschäften vertreten.

Der Abgeordnete Kerschensteiner gehörte keineswegs zu den politischen Hinterbänklern im Reichstag, er ergriff mehrmals das Wort vor allem zu Fragen der Volkserziehung, entwickelte aber auch keinen besonderen Ehrgeiz, parteipolitische Karriere zu machen. Er nützte die Entlastung vom Druck der drängenden Amtspflichten in München intensiv zu theoretischen Studien, wozu ihm die gut ausgestattete Reichstagsbibliothek beste Gelegenheit bot. Waren bislang seine persönlichen Interessen vorwiegend praktischer und organisatorischer Art, wandelten sie sich nun zunehmend zu theoretischen und philosophischen.

Mit Ausbruch des Ersten Weltkrieges ebbte der auswärtige Besucherstrom in die Münchner Schulen abrupt ab, wurden viele Lehrer eingezogen und eine Anzahl Schulen für militärische Zwecke beschlagnahmt. Die daraus resultierenden Erschwernisse des Schulbetriebes nahmen die Kritiker Kerschensteiners 1917 erneut zum Anlass zu heftigen Angriffen gegen den Lehrplan und die Reformen. Als eine schwere Krankheit dazukam, resignierte der Schulrat und bat um seine Versetzung in den dauernden Ruhestand zum 15.9.1919. Doch selbst wenn er über sein 65. Lebensjahr hinaus im Amt geblieben wäre, hätte er kaum weitere Reformen durchsetzen können, denn die Sonderstellung des Münchner Schulstatuts wurde nach der Revolution aufgehoben.

Allein der Schulrat hatte für einen angemessenen Wirkungskreis im Alter vorgesorgt; nicht ohne sein Zutun hatte ihn die Münchner Universität bereits 1918 zum Honorarprofessor für Pädagogik ernannt. Ab 1920 hielt er regelmäßig Vorlesungen, repräsentierte mehrfach die deutschen Universitäten im Ausland und genoss als »Altmeister der Pädagogik« über alle pädagogischen Lager hinweg große Verehrung.[15]

Seine beiden Alterswerke, die »Theorie der Bildung« (1926, [3]1931) und die unvollendete »Theorie der Bildungsorganisation« (1933) fanden in der Fachwelt nicht die erhoffte begeisterte Aufnahme, wie sie seine Reformvorschläge gefunden hatten. In seinen vielen Vorträgen, Ansprachen und Studien hat er von seiner pädagogischen Überzeugung Rechenschaft gegeben. Exemplarisch verweise ich auf seine vielleicht persönlichste Schrift über »Die Seele des Erziehers«, die anregende Erörterung des Problems »Autorität und Freiheit als Bildungsgrundsätze« und seine erfahrungsgesättigte Aussage über den Strafgeist in der Erziehung, worin er über seine eigene Erziehertätigkeit reflektiert.

Völlig unausgeschöpft sind seine Vorlesungsmanuskripte – weil vielen heute kaum lesbar –, die ja keine »Spekulationen« über Erziehung sind, sondern auf einem gelebten Pädagogenleben beruhen. Kaum beachtet ist auch sein fortschrittliches Engagement für eine »Vergleichende Erziehungswissenschaft«, das von der Überzeugung getragen ist, dass Kulturvölker von einander lernen können. Doch das sind nur Ausblicke. Es ging hier darum, zu zeigen, dass Geld zwar eine notwendige, aber keine hinreichende Voraussetzung für das Gelingen fruchtbarer Innovationen ist: Dazu bedarf es kreativer Persönlichkeiten, denen ein institutioneller Freiraum eingeräumt wird. Dem Jubilar ist »durch Zufall« diese Gunst widerfahren. Wir sollten bedenken, dass dies durch Bildungstechnologie allein nicht bewirkt werden kann. Welche Impulse aus dem Gedankenkreis seines Wirkens für uns fruchtbar sein können, habe ich an anderer Stelle skizziert (vgl. Wehle 1986). An dieser Stelle möchte ich aus seinem Lebenswerk ein Fazit ziehen, das uns dazu anregen kann, die gegenwärtige Schulwirklichkeit mit seinen »Visionen« zu konfrontieren. Ich wähle dazu eine dichte Formulierung aus seiner Hand:

»Die Umwandlung der Schule aus einer Stätte individuellen Ehrgeizes in eine Stätte sozialer Hingabe, aus einer Stätte theoretischer intellektueller Einseitigkeit in eine Stätte praktischer humaner Vielseitigkeit, aus einer Stätte des rechten Erwerbes von Kenntnissen in eine Stätte des rechten Gebrauches, das ist die grundlegende notwendige, unerlässliche Reform alles Schulwesens.« (GK 1916, 88f.)

Anmerkungen

1 Gogolin, Ingrid/Tippelt, Rudolf (Hg.): Innovation durch Bildung. Beiträge zum 18. Kongress der Deutschen Gesellschaft für Erziehungswissenschaft. Opladen 2003. 455 S. Bezugsstellen S. 23 und 29.

2 Eine kritische Gesamtbiographie Kerschensteiners ist bis heute Desiderat. Wichtige Quellen sind seine Selbstdarstellung von 1926, die Biographie seiner zweiten Frau Marie und die Studie seiner Enkelin Gabriele Fernau-Kerschensteiner von 1954 mit aufschlussreichen Hinweisen aus dem familiären Kreis. Von den zahlreichen »Würdigungen« verdient die Studie von Aloys Fischer von 1924 besondere Beachtung, da sie auf langer freundschaftlicher Verbundenheit beruht. Vgl. die Angaben im Literaturverzeichnis.

3 Der Redezettel der Danksagung ist im Literaturarchiv der Monacensia unter AKM 118 archiviert und bei Fernau-Kerschensteiner S. 126 f. abgedruckt.

4 Die Personalunion des kommunalen Amtes als Stadtschulrat und des staatlichen Amtes als Schulkommissär, das der Funktion des Distriktsschulinspektors entspricht, geht auf das »Statut für das Werktagsschulwesen der K. Haupt- und Residenzstadt München« von 1871 zurück, das dem Schulwesen der Hauptstadt eine reiche Entwicklung sichern sollte und dem Amtsinhaber große Gestaltungsmöglichkeiten einräumte, die Kerschensteiner in bis dahin ungeahntem Maße wahrnahm. (Vgl. Gebele 1903 und Englert 1970)

5 Über die Schulverhältnisse im München unterrichten die jährlichen »Schulberichte« im Rahmen der »Verwaltungsberichte der kgl. Haupt- und Residenzstadt München«, die ab dem Geschäftsjahr 1901 auch als Separatdrucke »Bericht über die Städtischen Volks- und Mittelschulen München für das Geschäftsjahr … Erstattet von Stadtschulrat Dr. Georg Kerschensteiner« herausgegeben wurden. Dort sind auch weitere Aktivitäten der Stadt und ihres Schulrats detailliert aufgeführt, auf die in diesem Rahmen nicht erschöpfend eingegangen werden kann.

6 Über die »Friedensfeier« berichteten u.a. die Münchener Neuesten Nachrichten Nr. 220 vom 11. Mai 1896 sehr ausführlich mit vollem Wortlaut der Ansprache Kerschensteiners. Diese ist auch abgedruckt in der Münchener Gemeindezeitung 25 (1896) S. 540f. Es wurde auch eine Pressemitteilung der Rede verteilt. Vgl. auch das Konvolut 2629 der Schulamtsakten im Münchner Stadtarchiv.

7 Die Abhandlung, in der Kerschensteiner-Literatur meist abkürzend als »Preisschrift« bezeichnet, wurde unter dem Titel der Preisaufgabe im »Jahrbuch der Königlichen Akademie gemeinnütziger Wissenschaften« (NF Heft XXVII Erfurt 1901) gedruckt. Gleichzeitig erschien ein Separatdruck unter dem Titel »Staatsbürgerliche Erziehung der deutschen Jugend«. Das Werk erfuhr zu Lebzeiten Kerschensteiners zehn Auflagen; anlässlich der vierten Auflage 1909 wurde das Werk überarbeitet, wobei Kerschensteiner alle polemischen Bezugnahmen auf die Sozialdemokratie tilgte. Eine weitere Überarbeitung erfolgte in der zehnten Auflage 1931. Vgl. den von mir besorgten

Neudruck in Kerschensteiner 1966 mit Nachweis der Unterschiede der Auflagen und kritischem Apparat. – Auf die Diskrepanz zwischen der Artikulation des Themas durch die Akademie und der von Kerschensteiner vorgeschlagenen Lösung einer berufsfachlichen Fortbildungsschule sei wenigstens hingewiesen; ebenso ist festzuhalten, dass er mit keinem Worte auf etwaige pädagogische Qualitäten des Heeresdienstes eingeht.

8 Die Fortschritte bei der Verwirklichung der neuen Fortbildungsschulorganisation wurden durch zahlreiche Publikationen ständig transparent gemacht. Besonders wichtig ist: Erster Jahresbericht der Lehrlingsabteilung der männlichen Fortbildungsschulen Münchens (Schuljahr 1906/07). München 1907. VIII, 517 Seiten. In diesem stattlichen Band wird nicht nur jede der neuen fachlichen Fortbildungsschulen nach einem einheitlichen Schema mit vielen Details beschrieben, sondern jeweils auch die Entstehung der einzelnen Fachschulen geschildert. Auch in den Folgejahren wurden für jedes Schuljahr derartige Berichte erstellt, die sich ab dem zweiten Bericht für das Schuljahr 1907/08 nicht nur auf die Lehrlingsabteilung, sondern auf die gesamten männlichen Fortbildungs- und Gewerbeschulen der Stadt München erstreckten; die Berichte über die Kriegsschuljahre sind wesentlich schmaler, geben aber die kriegsbedingten Schwierigkeiten ungeschminkt wieder. Zuletzt erschien der 12. Jahresbericht … für das Schuljahr 1917/18, München 1918. 88 S.

9 Besonders heftig wurde der Schulrat von dem Würzburger Lehrer Peter Zillig attackiert. Vgl. dazu Wehle 1956, Wilhelm 1957 und Textproben in Wehle 1979. Wollte man Kerschensteiners Konzept mit gegenwärtigen didaktischen Konzepten vergleichen, so bietet sich eine Parallele zum Konzept des exemplarischen Lernens an: weniger Stoff, aber gründlich durchgearbeitet und hinweisend auf verwandte Themen. Kerschensteiner hat sich auch später eingehend mit dem Lehrplanproblem beschäftigt; davon zeugt ein umfangreiches handschriftliches Konvolut im Nachlass (AKM 144), das erkennen lässt, dass ihm eine umfangreiche Erweiterung und Differenzierung seines Werkes vorschwebte; das Projekt blieb aber unvollendet.

10 Das Schlagwort »Arbeitsschule« bestimmte die reformpädagogische Diskussion zu Beginn des 20. Jahrhunderts in großem Maße, ohne dass es zu einer allgemein anerkannten einheitlichen Definition gekommen wäre. Kerschensteiner selber hat in seinem Spätwerk sein Verständnis von Arbeitsschule mehrfach präzisiert und von anderen Positionen abgehoben. Vgl. dazu u.a.: Georg Kerschensteiner: Die Idee der Arbeitsschule in ihren (sieben) Formen der Verwirklichung in Deutschland. Manuskript für einen dänischen Lehrerkalender von 1923; Erstveröffentlichung der deutschen Vorlage in: Jahrbuch Bildung und Arbeit '97. Opladen 1997, S. 173–181.

11 Die Ergebnisse der wissenschaftlichen Untersuchung der Stufen der Entwicklung der zeichnerischen Begabung wurden allgemein anerkannt; Kerschensteiner hielt darüber 1908 ein viel beachtetes Referat auf dem 3. Internationalen Kongress zur Förderung des Zeichen- und Kunstunterrichts in London; Kritik wurde jedoch an den daraus abgeleiteten Konsequenzen für den Zeichenunterricht geübt. Vgl. dazu Wehle 1980.

12 Vgl. dazu die Etatkritik des liberalen Lehrers Karl Gutmann in Wehle 1979

85–88. Lediglich die Einführung von wenigen Versuchsklassen wurde genehmigt. Darüber berichtet Kerschensteiner 1912 ab 2. Aufl. 1913.

13 Vgl. dazu die Studie von Markus Krebs: GK im internationalen pädagogischen Diskurs zu Beginn des 20. Jhdts. Bad Heilbrunn 2004 (Besucher, Reisen).

14 1908 besuchte Richard Köppler, Rektor in Triptis, im Auftrag des Vereins der Freunde Herbartischer Pädagogik in Thüringen die Münchner Schulen; sein Bericht wurde auf der Osterversammlung dieser Vereinigung am 28. und 29. März 1910 ausführlich diskutiert. Ein Zitat aus der abschließenden Stellungnahme des Berichterstatters verdeutlicht die Einschätzung Kerschensteiners: »K. ist das, wozu er andere erziehen will: ein Mann der Tat, der wie wenige Menschen seine Gedanken in die Wirklichkeit umzusetzen vermag. Wer durch die Schulen von München geht, der staunt, was ein Einzelner in wenig Jahren vermag. Man sehe, wie er Millionen flüssig zu machen gewusst hat, Schulwerkstätten, Schullaboratorien, Schulgärten, Schulküchen und vor allem die prächtigen Werkstätten der Fortbildungsschulen zu schaffen und sie in dieser Weise auszustatten … Man sehe, wie er ein achtes Schuljahr geschaffen hat, trotzdem das bayerische Volksschulgesetz nur eine siebenjährige Schulpflicht kennt. Man sehe, wie das ganze Heer vom Stadtschulinspektor bis zur jüngsten Lehrerin nach seinen Ideen arbeitet, wie er dem ganzen Schulwesen Münchens den Stempel seines Geistes aufzudrücken verstanden hat … Eine andere Frage ist die, ob wir das Ideal, dem sein Leben geweiht ist, zu dem unseren machen können.« (Köppler 29f.) – Ebenfalls 1908 schickte die Diesterweg-Stiftung den Berliner Fortbildungsschuldirektor Karl Fechner und den Volksschulrektor Otto Schmidt zu Studien über das Münchner Schulwesen nach dort; ihr Bericht gibt ein anschauliches Bild der Situation und stellt auch Bezüge zu anderen Schulreformansätzen her. Interessant der Bericht über die zentralen Abschlussarbeiten am Ende der Schulzeit mit konkreten Aufgabenbeispielen für die Fächer Deutsch und Rechnen.

15 Aus Raumgründen ist es nicht möglich, den von zahlreichen »Zufällen« gesäumten langen Weg Georg Kerschensteiners vom Stadtschulrat zum Hochschullehrer, vom Hochschullehrer zum Bildungsforscher im Einzelnen nachzuzeichnen, wobei die Tragfähigkeit der Polarität »Bildungstheoretiker versus Altmeister der Pädagogik« zu erörtern wäre: Dies ist sachkundig jüngst geschehen und leicht erreichbar (Walder 1992). Zu vermerken ist jedoch, dass Kerschensteiner seine Autorität als Stadtschulrat genutzt hat, 1906 den Bayerischen Volksbildungsverband zu gründen, der heute noch besteht (vgl. dazu GK 1927; der BVV wird in zwei Jahren anlässlich seines 100. Geburtstags an Georg Kerschensteiner erinnern) und sich bei der Konstituierung des Deutschen Werkbundes zu engagieren. Unerwähnt bleiben musste seine maßgebliche Rolle auf der Reichsschulkonferenz von 1920 und die in der bisherigen Forschung kaum beachtete Parteinahme für die Rechte der Südtiroler gegenüber dem faschistischen Italien. Unbeachtet bleiben mussten ferner seine vielfältigen Beziehungen zu den Repräsentanten des pädagogischen und allgemein geistigen Lebens seiner Zeit – doch hier vertraut der Autor der Neugierde seiner Leser.

Literaturhinweise

I. Werke von Georg Kerschensteiner

Betrachtungen zur Theorie des Lehrplanes. München 1899, ²1901.

Beobachtungen und Vergleiche über Einrichtungen für gewerbliche Erziehung außerhalb Bayern. München 1901.

Staatsbürgerliche Erziehung der deutschen Jugend. Gekrönte Preisarbeit. Erfurt 1901, ¹⁰1931. Neudruck in Ausgew. päd. Schriften Bd. 1 1966 (s.u.).

Eine Grundfrage der Mädchenerziehung. Erw. Vortrag, geh. auf der 11. Generalversammlung des deutschen Vereins für das Fortbildungsschulwesen in der städtischen Tonhalle zu Düsseldorf am 5. Oktober 1902. Leipzig/Berlin 1902.

Die Entwicklung der zeichnerischen Begabung. München 1905.

Grundfragen der Schulorganisation. Eine Sammlung von Reden, Aufsätzen und Organisationsbeispielen. Leipzig 1907, München/Düsseldorf ⁷1954.

Der Begriff der staatsbürgerlichen Erziehung. Leipzig/Berlin 1910, München/Stuttgart ¹⁰1966.

Begriff der Arbeitsschule. Leipzig/Berlin 1912, München/Düsseldorf/Stuttgart ¹⁷1969.

Wesen und Wert des naturwissenschaftlichen Unterrichtes. Leipzig/Berlin 1914, München/Düsseldorf/Stuttgart ⁶1963.

Deutsche Schulerziehung in Krieg und Frieden. Leipzig/Berlin 1916. – 2. Aufl. 1922 u.d.T.: Das einheitliche deutsche Schulsystem. Sein Aufbau, seine Erziehungsaufgaben.

Das Grundaxiom des Bildungsprozesses und seine Folgerungen für die Schulorganisation. Berlin 1917, München/Düsseldorf/Stuttgart ¹⁰1964.

Die Seele des Erziehers und das Problem der Lehrerbildung. Leipzig/Berlin 1921, München/Stuttgart ⁹1965.

Autorität und Freiheit als Bildungsgrundsätze. Leipzig 1924, ⁴1927 Theorie der Bildung. Leipzig/Berlin 1926, ³1931.

(Selbstdarstellung) In: Die Pädagogik der Gegenwart in Selbstdarstellungen. Hg. von Erich Hahn. Bd. 1 Leipzig 1926, S. 45–96 (Neudruck in Ausgew. päd. Schriften 1968).

Grundlagen der Erwachsenenbildung. München 1927.

Theorie der Bildungsorganisation. Leipzig/Berlin 1933.

Berufsbildung und Berufsschule. Ausgewählte pädagogische Schriften Bd. 1. Besorgt von Gerhard Wehle. Paderborn 1966.

Texte zum pädagogischen Begriff der Arbeit und zur Arbeitsschule. Ausgewählte pädagogische Schriften Bd. 2. Besorgt von Gerhard Wehle. Paderborn 1968, 1982.

2. Sekundärliteratur

Demmel, Walter G.: Feiertagsschule und Fortbildungsschule. Ein Beitrag zur Schulgeschichte Münchens im 19. Jahrhundert. München 1978.

Bayer. Staatsministerium für Unterricht und Kultus (Hg.): Georg Kerschensteiner. Beiträge zur Bedeutung seines Wirkens und seiner Ideen für unser heutiges Schulwesen. Stuttgart 1984.

Englert, Ludwig (Hg.): Wie Georg Kerschensteiner der Münchner Stadtschulrat wurde. München/Stuttgart 1970.

Fechner, Karl/Schmidt, Otto: Münchener Volks- und Fortbildungsschulen. Bericht über den Stand des Münchener Schulwesens im Jahre 1908, im Auftrage der Diesterweg-Stiftung. Leipzig 1909.

Fernau-Kerschensteiner, Gabriele: Georg Kerschensteiner oder die Revolution der Bildung. München, Düsseldorf 1954.

Fischer, Aloys: Georg Kerschensteiners Leben und pädagogisches Werk. (1925). – Jetzt in: Aloys Fischer – Leben und Werk. Bd. 8. München 1971, S. 505 bis 523.

Gebele, Joseph: 100 Jahre der Münchener Volksschule. München 1903.

Kerschensteiner, Marie: Georg Kerschensteiner. Der Lebensweg eines Schulreformers. München/Berlin 1939, München/Düsseldorf [3]1954.

Köppler, Richard: Die Bestrebungen Kerschensteiners und das Münchener Volksschulwesen. Langensalza 1910.

Walder, Fernande: Georg Kerschensteiner als Hochschullehrer und Bildungstheoretiker. Bad Heilbrunn 1992.

Wehle, Gerhard: Praxis und Theorie im Lebenswerk Georg Kerschensteiners. Weinheim 1956, [2]1964.

Wehle, Gerhard (Hg.): Georg Kerschensteiner. Darmstadt 1979 (Wege der Forschung 199).

Wehle, Gerhard: Georg Kerschensteiners Untersuchungen zur Entwicklung der zeichnerischen Begabung des Kindes und der Streit um den Münchener Zeichenunterricht. In: Brög, Hans (Hg.): Kunstpädagogik heute. Bd. 2. Festschrift für Wilhelm Ebert zum 60. Geburtstag. Düsseldorf 1980, S. 179 bis 193.

Wehle, Gerhard: Georg Kerschensteiner. Impulse der Reformpädagogik für die Schule von heute. Düsseldorf 1986.

Wehle, Gerhard zusammen mit Gabriele Dreis, Birgit Suntinger und Fernande Walder: Bibliographie Georg Kerschensteiner. Band 1: Im Druck erschienene Schriften, Reden und nachgelassene Manuskripte. Opladen 1987.

Wilhelm, Theodor: Die Pädagogik Kerschensteiners. Vermächtnis und Verhängnis. Stuttgart 1957.

Karl Corino

»Sein Kopf ist ein ausgefüllter Lehrplan aller Arten von Mittelschulen«

Robert Musil und Georg Kerschensteiner – eine pädagogisch-literarische Konstellation

Man fragt sich, welche schlimmen Erfahrungen Robert Musil mit Lehrern gesammelt haben muss, dass er in das Personal seines Hauptwerks, des »Mannes ohne Eigenschaften« (MoE) gleich zwei Pädagogen aufgenommen hat, Hagauer und Lindner, die nicht gerade zu den ausdrücklich »warm getönten Figuren« gehören. Und das Fatale daran ist, dass den pädagogisch gebildeten Lesern der frühen dreißiger Jahre des 20. Jahrhunderts anhand von eindeutig identifizierbaren Zitaten bekannt gewesen sein muss: Die Modelle für diese Roman-Figuren waren zwei damals weltbekannte Männer: Georg Kerschensteiner und Friedrich Wilhelm Förster. Weiß Gott nicht alle »Rezipienten« des Romans – wie das heute heißt –, dürften so der Meinung Theodor W. Adornos gewesen sein, dieser Oberlehrer Hagauer sei »großartig« …

Über seine Lehrer an der Steyrer Volksschule, an den zivilen Realschulen von Steyr und Brünn, dann an den Militär-Realschulen von Eisenstadt und Mährisch-Weißkirchen hat Musil bemerkenswert wenig überliefert. Nur einen seiner Realschul-Lehrer nennt er beim Namen und sagt ihm wenig Gutes nach:

»Ich erinnere mich an […] Raschendorfer in Eisenstadt (oder M.[ährisch-]Weißkirchen. Dort ein ähnlicher) Rote Aufschläge, Goldlitzen?, starrer weißer Kaiserbart, rosa Krokodilhaut der alten Hände. Kommandiert u.[nd] irgendwie schnell ausgebildet zum Deutschunterricht. Lernt die Grammatik wie ein Reglement auswendig u.[nd] beherrscht sie ebenso wenig. Ist es nicht ein Prototyp des durchschnittlichen Deutschunterrichts. Und großer Einfluss auf mein Leben.«

Musil scheint unter dem höchst unvollkommenen Deutschunterricht seiner Jugendjahre lebenslang gelitten zu haben, was gewiss den Groll des Schriftstellers auf die Pädagogen ein wenig erklärt, der sich durch die Handicaps, die ihm seine »Pauker« mit auf den Lebensweg gaben, dauernd behindert fühlte. Das Milieu der Kadettenanstalten, dem Musil zwischen 1892 und 1897 ausgesetzt war, muss teilweise so schlimm gewesen sein, dass Musil vom »A-loch des Teufels« sprach. Die Erziehung sei ganz unteroffiziersmäßig gewesen, gegen den Klassenfeldwebel habe er opponiert, und selbst die jüdischen Mathematiklehrer Bretschneider und Mandl, die bei Schulkameraden Musils (wie dem späteren General Glaise-Horstenau) freundliche Erwähnung finden und angesichts ihres Offiziersberufs in ihrem Fach Überdurchschnittliches geleistet haben sollen, bei Musil offenbar auch die Grundlagen für den Offiziersberuf legten – selbst sie fanden vor Musils Gedächtnis keine Gnade. Angeblich will er als 17-Jähriger beim Studium der Ballistik an der Militärakademie Wien seine technischen Fähigkeiten entdeckt und daraufhin das Berufsziel Offizier an den Nagel gehängt haben. Er wechselte an die Technische Hochschule Brünn, um Ingenieur zu werden. Zu seinen Professoren an der TH gehört immerhin ein Georg Wellner, der Erfinder des Windkanals und eines Segelflugrades, das zu den Vorläufern des Hubschraubers gehörte. Er ist der einzige Lehrer an der TH, den Musil namentlich erwähnt – wobei nicht zu vergessen ist, dass zu den Professoren Musils in Brünn auch der eigene Vater gehörte, was der Kritik des Autors an den Autoritäten auch eine gewisse ödipale Note gibt. Die Darstellung von Ulrichs Vater im »Mann ohne Eigenschaften« ist denn auch nicht ohne gewisse Spitzen.

Anfang der zwanziger Jahre zog Musil eine allgemeine Bilanz des Schulwesens und seiner Wirkung auf den Schüler:

»Eine rationale, nach dem Lineal gemachte Welt wurde ihm aufgenötigt. Eine Welt, die aus den praktischen Bedürfnissen entstanden ist, wird ihm vor aller Lebenserfahrung theoretisch nahe gebracht.

Nehmen wir an, dass er – als Durchschnitt – das gut übersteht, so muss er doch eine Menge Dinge lernen, zu denen er kein Verhältnis hat. Wie soll er die Umständlichkeit mathematischer und naturwissenschaftlicher Überlegungen begreifen? Die Fragen der Ästhetik und Ethik werden ihm von Menschen, die sie selbst gewöhnlich nicht genug kennen, in einer ganz unzulänglichen pseudorationalen Art beigebracht. Er möchte in das Leben ›eingeweiht‹ werden, und man bringt ihm Bruchstücke der kompliziertesten Artefakte des Lebens bei. (Bruchstücke der Arbeit von Leuten, die das Leben hinter sich haben.) Gleichzeitig wird mit Lob, Strafen, Rangordnung ein metrisch-moralisches Verhalten erzeugt. […]

Ergebnis: Es bildet sich in ihm während dieser Zeit die Vorstellung eines Berufes aus, dem er zustrebt.

Entweder deckt sich dieser Beruf mit einem der Schulgegenstände. Dann findet eine natürliche Zentrierung statt. Ethos wird inzentriert zu Moral; bis zum Weltanschaulichen gruppiert sich alles mehr oder weniger natürlich darum […]

Ein ›eingewöhnter‹ Mensch entsteht, wenn es ein rationaler Beruf ist,

ein ›ungewöhnlicher‹, wenn er irgendwie mit der Seele zu tun hat; Kunst, Religion […]

Das ist zugleich die Trennung zwischen bürgerlichen u.[nd] unbürgerlichen Berufen.

Also richtiger:

1. Der junge Mensch ist immer heroisch u.[nd] schwärmerisch. Er will auserwählt sein. Er will entweder ein großer oder ein guter Mensch werden.
2. In der Schule beginnt er, sich in die Gesellschaft einzufügen.«

Damit sind auch die Konflikte skizziert, die Robert Musil in den folgenden Jahren zu schaffen machten. Vater Alfred Musil, seines Zeichens Professor für Maschinenbau, glaubte, mit seinem Wechsel vom Militär zur Technik habe der Sohn seinen bürgerlichen Beruf gefunden. Freilich, bald nach Antritt seines Postens als Volontär-Assistent an der TH Stuttgart entschloss sich Robert Musil, auch den Ingenieur an den Nagel zu hängen, Philosophie und Psychologie zu studieren, und zwar bei Prof. Carl Stumpf in Berlin, der ein damals berühmtes Labor für psychologische Experimente eingerichtet hatte. Gleichzeitig arbeitete er aber an seinem ersten Roman, dem »Törleß«, und wollte sich eine literarische Laufbahn offen halten, auch wenn er dies seinen Eltern nicht offenbarte. Ihnen, vor allem dem Vater gegenüber, dürfte er nur mit der akademischen Option gearbeitet haben.

Indes gab es eine Hürde, die einem solchen Studium, der abschließenden Promotion und einer eventuellen Habilitation im Wege stand: das fehlende Abitur mit Latein und Griechisch als Matura-Fächern – ein ähnliches Hindernis, wie es Georg Kerschensteiner vorfand, als er sich entschloss, nicht als Schulgehilfe und Volksschullehrer zu versauern. Bei Musil hieß das Rezept allem Anschein nach, wie zunächst bei Kerschensteiner, Selbststudium, um sich nach etwa anderthalb Jahren der Reifeprüfung als Externer zu stellen. Jeder, der selbst auf einem humanistischen Gymnasium neun Jahre Latein und sechs Jahre Griechisch gelernt hat, weiß was dieser autodidaktische Schnell-Durchgang durch die alten Sprachen für eine Energieleistung ist, selbst wenn das rasch Eingetrichterte dann bald wieder bis auf kleine Spuren versickert. Dabei hatte Musil nicht das Problem, dass die Finanzierung der Lehrmittel und der Korrekturen eine Sorge gewesen wäre wie für Kerschensteiner: »Ein Lateinschüler der Obertertia, ein Hausmeisterssohn, korrigierte seine Übersetzungen. Immer sechs Stück für einen Kreuzer. Dieser jugendliche Helfer war bald überflügelt. Nun musste ein Oberprimaner für die Korrektur gewonnen werden. Das ging schon besser ins Geld. Ein Sechser musste jetzt dem schmalen Schulgehilfensold jedes mal abgeknackt werden«, berichtet Marie Kerschensteiner in ihrem Lebensbild des Schulreformers. Die Mühen der einsamen Büffelei im stillen Kämmerlein waren indes wohl durchaus vergleichbar, die Folgerungen jedoch, die Kerschensteiner und Musil aus der Nachholung des Latinums und des Graecums zogen, waren, wie wir noch hören werden, durchaus verschieden.

Die nächste Erfahrung, die Musil mit Pädagogen machte, gehören zu den Nachwirkungen seines Erstlingsromans »Die Verwirrungen des Zöglings Törleß«. Da der Wiener Verlag in seiner Reklame auf die realen Hintergründe dieses Pubertätsromans hinwies, fehlte es nicht an entsprechenden Reaktionen und Erkundigungen nach dem Milieu, in dem die geschilderten gruppendynamischen Prozesse und sadistischen Exzesse angesiedelt waren: »namentlich Pädagogen wollten von mir ›Genaueres‹ erfahren, worin ich sie in meinen Antworten dann nach Kräften grimmig enttäuschte«, schreibt Musil in seinem Entwurf »Theoretisches zu dem Leben eines Dichters« von etwa 1936 – und man gäbe heute viel dafür, wenn man einige dieser seiner Antworten in die Hand bekäme. Offenbar störte ihn der Versuch, praktische Folgerungen, Vorbeugungsmaßnahmen etc. aus seinem Roman abzuleiten. Den Pädagogen ging es um Rezepte bei vergleichbaren Situationen, Musil um etwas Einzigartiges, Unwiederholbares, um ein Buch, in dem seine »Seele« stand. Den Pädagogen ging es um Moral, um einzuhaltende Regeln – ihm ging es um Ethik, etwas Schöpferisches, das von den Regeln vielleicht noch gar nicht erfasst war. Die Installierung des Richtigen und Guten als etwas, das von der Gesamtheit der Schüler und damit von der Gesellschaft Tag für Tag verlässlich hervorgebracht werde, als Ziel der Pädagogik – »Der gesamte Unterricht muss« nach Kerschensteiner »im Dienste der Charakterbildung stehen« – dies erinnerte Musil offenbar an die Prägung moralischen Kleingelds, und den Münzmeistern, die es im wahren Wortsinn unter das Volk brachten, mochte Musil keine Größe zusprechen. Davon war prinzipiell auch Kerschensteiner betroffen. Wenn Ulrich resp. Agathe im »Mann ohne Eigenschaften« sagt, dass er/sie »unter Umständen einen Dieb lieben könnte, einen Menschen, der gewohnheitsmäßig ehrlich sei, aber niemals«, so bezeichnet dies exakt den Unterschied: die Vorliebe für Ausnahmemoral, für die Umkehrung der Vorzeichen einerseits, die Aufgabe der verlässlichen Verhaltensnormierung andererseits, die ein Funktionieren der Gesellschaft überhaupt erst möglich macht.

Praktische Rückschlüsse aus einem Kunstwerk, Beiträge zur Verbesserung der Welt waren, um es noch einmal zu sagen, dem 26-jährigen Musil, dem Autor des »Törleß«, noch Hekuba. Es war ihm in der Folgezeit, um es mit Nietzsche zu sagen, an der Umwertung der Werte, an den Ausnahmen von den Ausnahmen gelegen, an Neu-Seelland, wie Ernst Blaß es formulierte, etwa in dem Novellenband »Vereinigungen«, wo Claudine, eine der musilschen Heldinnen, den Ehebruch an ihrem Gatten als »Vollendung der Liebe« erlebt – ein empörendes Faktum für jeden Diener des Staates und der Kirchen, die Richter, die Pfarrer und die Lehrer, selbst wenn sie nicht bigott waren. Die Berührungsfläche zwischen Musil und Kerschensteiner bildete vor dem Ersten Weltkrieg die Mathematik. An Pfingsten 1913, das auf den 11. Mai fiel, hielt Kerschensteiner auf der 22. Hauptversammlung des Vereins zur Förderung des mathematischen und naturwissenschaftlichen Unterrichts zu

München einen Vortrag, der die Grundlage bildete für sein Buch »Wesen und Wert des naturwissenschaftlichen Unterrichts«, das 1914 erstmals erschien. Kerschensteiners Vortrag entstand praktisch gleichzeitig mit Musils Essay für den »Losen Vogel«, »Der mathematische Mensch«, der im Heft April-Juni 1913 erschien. Schon im Zusammenhang mit dem erwähnten Novellenband »Vereinigungen« aus dem Jahre 1911 hatte Musil formuliert, der geistige Mensch der Gegenwart und Zukunft werde nicht mehr von Goethe, Hebbel, Hölderlin lernen, sondern von Mach, Lorentz, Einstein, Minkowski, von Couturat, Russell, Peano. Aller seelische Wagemut liege heute in den exakten Wissenschaften, die Mathematik sei eines der »amüsantesten und schärfsten Abenteuer der menschlichen Existenz«. »Man kann sagen, dass wir praktisch völlig von den – ihr selbst gleichgültiger gewordenen – Ergebnissen dieser Wissenschaft leben. Wir backen unser Brot, bauen unsre Häuser und treiben unsre Fuhrwerke durch sie. Mit Ausnahme der paar von Hand gefertigten Möbel, Kleider, Schuhe und der Kinder erhalten wir alles unter Einschaltung mathematischer Berechnungen. Dieses ganze Dasein, das um uns läuft, rennt, steht, ist nicht nur für seine Einsehbarkeit von der Mathematik abhängig, sondern ist effektiv durch sie entstanden, ruht in seiner so und so bestimmten Existenz auf ihr. Denn die Pioniere der Mathematik hatten sich von gewissen Grundlagen brauchbare Vorstellungen gemacht, aus denen sich Schlüsse, Rechnungsarten, Resultate ergaben, deren bemächtigten sich die Physiker, um neue Ergebnisse zu erhalten, und endlich kamen die Techniker, nahmen oft bloß die Resultate, setzten neuen Rechnungen darauf und es entstanden die Maschinen. «

Musil nannte die Mathematik auch den »Tapferkeitsluxus der reinen Ratio« – und mathematische Dissertationen wie die Georg Kerschensteiners über die »Kriterien der rationalen Kurven vierter Ordnung« (eine Arbeit, die Musil wahrscheinlich nicht kannte), eine summa-cum-laude-Arbeit mit Max Planck als Opponenten bei der Disputation – eine solche Doktorarbeit hätte Musil gewiss unter diesen »Tapferkeitsluxus der reinen ratio« subsumieren müssen. Der Mathematiker glaube, so Musil, »dass das, was er treibt, irgendwann wohl auch einen praktisch liquidierbaren Nutzen abwerfen wird, aber nicht der spornt ihn; er dient der Wahrheit, das heißt seinem Schicksal und nicht dessen Zweck. Mag der Effekt tausendmal Ökonomie sein, immanent ist das ein Allesdahingeben und Passion.«

In Musils Essay wird die Mathematik ebenso als reine wie als angewandte Wissenschaft thematisiert. Was er nicht bedenkt, ist die Frage, wie jemand Mathematiker wird – ob diese Leute sozusagen immer vom Himmel fallen und als fertige Genies auf der Volksschulbank landen wie einst Gauß, der schon als Knirps die Addition der Zahlen 1 bis 100 mit einem Blitzverfahren erledigte. Musil kümmerte sich vorerst nicht um Fragen der Ausbildung und darum, wie der Geist der Mathematik – für viele ein Schreckgespenst – in den Klassenzimmern heimisch gemacht werden könne. Just darüber machte sich Kerschensteiner Gedanken – und als summa cum laude promovierter Mathematiker war er dem Schmalspurmathematiker Musil, der Mathematik und Physik bei seiner philosophischen Promotion nur als Nebenfächer hatte, rein fachlich gewiss überlegen.

Es ist durchaus möglich, dass Musil von Kerschensteiners Existenz vor 1914 noch nichts oder nicht viel wusste (und umgekehrt war es vermutlich genauso). Aber gerade der Erste Weltkrieg brachte eine immanente Annäherung der beiden Männer. Sie waren beide Befürworter dieses Krieges und zu Opfern willig, sei es, dass sie bereit waren, drei Söhne auf dem Altar des Vaterlands sterben zu lassen, wenn nur Deutschland lebe – so Kerschensteiner –, sei es, dass sie selbst ins Feld zogen und sich der Gefahr an der österreichisch-italienischen Alpenfront aussetzten wie Musil. Die größte Annäherung freilich brachte Musils Tätigkeit als Redakteur zweier Soldatenzeitungen in den Jahren 1916–18 mit sich, von Blättern, die Pädagogik im weitesten Sinne betrieben: politisch, ökonomisch, physikalisch, landwirtschaftlich, allgemein bildend, sprachkundlich, was immer man will und die militärischen Leser wissen wollten oder sollten. Nie wieder schrieb Robert Musil so populär, so schlagend, in so eingängigen Formeln und Bildern wie damals. Um es zuzuspitzen: Er war damals der avancierteste Pädagoge im Sinne eines zu reformierenden Kakanien; seine Gazetten waren sozusagen die Blendlaterne einer habsburgisch gefärbten Volksaufklärung. Im Unterschied zu Karl Kraus, der diverse Artikel aus Musils Tiroler »Soldaten-Zeitung« mit grimmigen Glossen versah, hätte Georg Kerschensteiner diese Front-Blätter vermutlich mit Wohlgefallen gelesen, sie brachten ebenso einen Nachruf auf den »Heldentod« des theoretischen Physikers Mathias Cantor wie Aufsätze über die Pflege des Stallmists und der Jauche. Wenn Kerschensteiner z. B. die »ländliche Fortbildungsschule, die dem Landkind einen dem künftigen Bauernberuf angepassten Lehrstoff bieten« sollte, ins Auge fasste, so dachte Musil parallel, in zwei Artikeln vom 1. und 29. Oktober 1916, über »Bauernleben« und seine Förderung nach. »Hiezu gehört freilich zuoberst Ausgestaltung des Schulwesens und dessen Spezialisierung, so weit es möglich ist; es ist auf diesem Gebiet schon Tüchtiges geleistet worden, aber noch zu wenig, denn hier gibt es kein Zuviel. Aber auch Unterstützung des Theaterwesens mit Staatsmitteln gehört dazu und Errichtung von Büchereien und Zeitschriftenzimmern. Anschluss an die größeren Städte gehört hierher, mit ihren Konzerten, großen Bibliotheken und volkstümlichen Hochschulkursen, sowohl durch eine Ausgestaltung des Leihwesens als auch durch Berücksichtigung bei der Gestaltung der Eisenbahnpolitik und Organisation fachlicher wie allgemein bildender Vorträge. Der Staat leistet heute für den geistigen Nachwuchs nur das eine, dass er die Schulen erhält; wie sich Privatdozenten, Dichter, Maler, Komponisten durchs Leben schlagen, kümmert ihn nicht. Mit geringen Mitteln ließen sie sich aber zeitweilig in seinen Dienst stellen und zweifach Gutes würde damit gestiftet. Ein geistiger Zusammenhang von der Großstadt bis zum Lande durch Ausgestaltung der kulturtragenden Zwischenglieder wäre mit solchen Mitteln ohne Schwierigkeit und große Opfer zu erreichen, statt das Land wahllos der Überflutung zu überlassen.«

Hier sprach nicht nur der Pädagoge Musil, sondern auch der Schriftsteller in eigener Sache, und er räumte ein, dieses Bildungsbündnis von Stadt und Land werde von vielen Leuten als Utopie bezeichnet. »Aber wie die Schule ein Politikon ist«, so fährt er fort, »so ist auch – recht verstanden und vorsichtig geleitet – die Lebensschule ein solches. Und wenn es sich hier auch nicht um eine allgemeine Schulpflicht handeln kann, so doch um eine allgemeine Schulmöglichkeit. Sie erzeugt jenes Ebenmaß des Volkswuchses, das in hochkultivierten Ländern Stadt und Land zu einer geistigen Einheit zusammenschließt. In den nordischen Ländern zum Beispiel ist der Bauer zu einer führenden Rolle im Staatswesen gelangt; die hohe Blüte, deren sich auch die Landwirtschaft dort erfreut, beweist, wie geistiger und wirtschaftlicher Erfolg Hand in Hand gehen.«

Soweit das Beispiel für Musils Pädagogik im Ersten Weltkrieg. Sie hatte eine deutlich antiliberale Tendenz, weil er dagegen war, diese Bildungsfragen dem freien Spiel der Kräfte zu überlassen. Es ist anzunehmen, dass er sich in diesem Punkt mit dem liberalen Reichstagsabgeordneten Kerschensteiner einig gewesen wäre – so wie sie auch konform gingen im Kampf gegen die »Schuldlüge« der Siegermächte nach 1918, die laut Marie Kerschensteiner »die Niedertracht ihrer Friedensbedingungen« dahinter verbargen. Musil betrachtete den Ausbruch des Ersten Weltkriegs als Untergang einer alten Welt, die Friedensverträge von Versailles und St. Germain als Verhinderung der Geburt einer neuen Welt. Und er plädierte im Verein mit allen damaligen österreichischen Parteien für den Anschluss des verbliebenen Rumpf-Österreich an das Deutsche Reich, an ein Reich, das freilich nach Kerschensteiners Urteil zunehmend an moralischer Knochenerweichung litt. »Jeder weiß«, schrieb der international geschätzte und weltweit gefragte Pädagoge in den »Münchner Neuesten Nachrichten«, »dass ich weit entfernt bin, ein Chauvinist zu sein. Aber ich bin auch noch nicht alt genug, um zu schweigen, wenn das Ungeheuerliche sich ereignet, dass ausgerechnet wir Deutsche uns selbst kastrieren, um als einzige geschlechtslose Nation – nein, nicht Nation, Volksherde! – im Völkerbund die Schalmei des Vaterlandslosen zu blasen. Je erbärmlicher wir uns benehmen, umso erbärmlicher werden wir behandelt werden. Oder glaubt jemand, dass wenn wir vor lauter Knochenerweichung nicht einmal mehr einen Buckel machen können, um die uns zugedachten Prügel entgegenzunehmen, statt aufrecht und fest unseren Feinden in die Augen zu schauen, glaubt jemand, dass uns Mollusken die Feinde dann in Baumwolle legen werden, um uns als liebe, brave Deutsche zu pflegen?«

Vor diesem Hintergrund ist es fast paradox, dass Kerschensteiner damals beauftragt wurde, die deutschen Kadettenanstalten aufzulösen – eine Aufgabe, die er schließlich zurückgab. Dem ehemaligen österreichischen Kadetten Musil ist er offenbar in all jenen Krisenjahren nie begegnet. Mochte Musil nach dem Krieg mit dem Bolschewismus und dem Austromarxismus sympathisieren, während Kerschensteiner nach Etablierung der Münchner Räterepublik samt seinem Sohn Wolfgang nur mit viel Glück dem Geisel-Tod entging und weiter dem Liberalismus zugeneigt war – es gab, wie gezeigt, viel Verbindendes. Vielleicht hätte eine persönliche Begegnung aus Respekt auch verhindert, dass Musil Kerschensteiner zur literarischen Figur gemacht hätte.

Als er sein Drama »Die Schwärmer« nach dem Ersten Weltkrieg fertig stellte, stieß man als Leser des Stücks, 1921 gedruckt, 1929 katastrophal uraufgeführt, in der Personenbeschreibung auf einen Josef, einen Universitätsprofessor und hohen Beamten der Unterrichtsverwaltung. Die weiteren Charakteristika – »Josef ist lang, hager und besitzt einen großen kantigen Adamsapfel, der über einem zu niedrigen Kragen auf und ab steigt, außerdem einen flossenartigen, fahlbraunen Schnurrbart« – ließen nicht ohne Weiteres auf Kerschensteiner als Modell schließen. Der Dandy Musil wusste wohl auch schwerlich etwas über die gelegentlichen Nachlässigkeiten und professoralen Zerstreutheiten in Sachen Mode, die Marie Kerschensteiner von ihrem Gatten in den Erinnerungen ausplaudert – dass etwa der junge Kerschensteiner gelegentlich im Eifer des morgendlichen Gefechts mit zwei verschiedenen Schuhen aus dem Haus stürzte; dass er bei einer Gasterei im Hause Wittelsbach mit einem deutlich hin- und herbaumelnden Preisschildchen an der Krawatte auftauchte; aber ersichtlich ging es Musil darum, Josef ein wenig zu karikieren. Bei dem rasenden Wechsel der Moden hat man heute in der Regel vergessen, »dass der niedere Kragen damals von Turnern, Moralisten u.ä. getragen worden ist«, wie Musil im Tagebuch notiert. Der niedere Kragen »hatte den demonstrativen Charakter der natürlichen Lebensweise, Schlichtheit, Ablehnung des gesellschaftlich Vornehmen, und nicht den des sportlichen Schicks [...] Er ist dem [Formeinfall] des flachen umgelegten Kinderkragens nachgebildet gewesen.« Die Kostüm-Anweisung für Josef ist also wirklich von Ironie und tieferer Bedeutung, sein flossenartiger Schnurrbart soll ihm wohl das Aussehen eines etwas traurigen Seehunds verleihen. Als Gatte Regines, des »Traumgaukeldings«, des »tückischen Zaubervogels«, wird er von dem Hochstapler Anselm zum Hahnrei gemacht. Als Universitätsprofessor und hoher Ministerialbeamter ist er ein hilfloser Vertreter der bürgerlichen Moral und hebt sich so prägnant von dem schillernden Anselm und dem ethischen Experimentator Thomas ab. Deutlich ist jedenfalls in diesem Josef die Figur des Pädagogen Gottlieb Hagauer aus Musils großem Roman präformiert, des ungeliebten Gatten Agathes, den sie – in der Juristensprache – »böswillig« verlässt und per Testamentsfälschung benachteiligt. Wenn man Martha Musils Leben kennt, die Geschichte ihrer Ehe mit dem römischen Amateur-Kaufmann Enrico Marcovaldi und die Umstände ihrer Scheidung, darf man überzeugt sein, dass Musil sozusagen einen Ersatz für diesen italienischen Mann ohne Eigenschaften suchte, für diesen geschäftlich erfolglosen Kalkbrenner, der durch Unfähigkeit und aufgrund diverser Unglücksfälle dabei war, das Vermögen seiner Frau durchzubringen, was sie u.a. dazu veranlasste, die Trennung von Tisch und Bett und Sparkassenbuch zu beantragen und schließlich nach Berlin zurückzukehren. Aus Gründen der familiären Diskretion, auch um die Gestalt interessanter zu machen, brauchte Musil eine Deckfigur für diesen Mann – und fand sie in Kerschensteiner. Stichwort: »Der Witz ist, dass man Schulleiden u.[nd] deren Stand in einer Ehegeschichte gibt.«

Ausschlaggebend war die Lektüre von Kerschensteiners Buch »Wesen und Wert des naturwissenschaftlichen Unterrichts« in der Ausgabe von 1914, aus dem Musil etwa Ende 1920 Exzerpte machte. Die ausgezogenen Sätze tauchen dann als meist spöttische Zitate aus dem Mund Agathes im II. Band von Musils Roman auf. Es ist eigenartig, dass Musil mit einigen seiner Modelle für den Roman – so etwa mit Walther Rathenau oder mit Georg Kerschensteiner – Gemeinsamkeiten der Ausbildung teilte, die sie zu natürlichen Verbündeten seines Romanhelden hätten machen können. Rathenau, das Vorbild für den preußischen Nabob Dr. Paul Arnheim, hatte über die Absorption des Lichts in Metallen promoviert, Kerschensteiner, wie schon kurz erwähnt, über die »Kriterien der rationalen Kurven vierter Ordnung (bezogen auf ein Doppeltangentendreieck) in Hinsicht auf Doppelpunkte, Doppeltangenten und Wendepunkte«, und man hätte sich als Diplom-Ingenieur und Maschinenbauer à la Musil mit dem Münchner Stadtschulrat ebenso über die Theorien der Elektrizität (sein Disputationsthema mit Max Planck als Opponenten) wie über »Spezifische Gewichtsbestimmungen fester und flüssiger Körper mittels hydrostatischer Waage« (die Aufgabe seines mündlichen Staatsexamens) unterhalten können. Kerschensteiner kannte die Schriften Ernst Machs sehr genau – das Sujet von Musils Doktorarbeit – und stimmte häufig mit ihnen überein, also eine weitere gemeinsame Basis, und man kann sich Musils Contra-Stellung in einem solchen Fall fast nur mit dem »Narzissmus der kleinsten Differenz« erklären, auch mit der Eifersucht auf den Erfolg. So notiert Musil als Stichwort für seine Romanpläne »Man kann sehr moralisch den Aufstieg der guten Menschen erzählen u[nd] den Abstieg der desequilibrés zb. wie es Agathens Mann nach Verdienst immer besser geht, schließlich wird er Univ.[ersitäts] Prof.[essor] u.[nd] nicht [mein Held]. [...] Dieser Schulmann, das war einmal ein Philosoph, aber er hat sich beschieden und erreicht es dann gerade dadurch«.

Es ist, als neide Musil solchen Menschen den Lohn der Bescheidung und dass sie einen etwas kleineren Rahmen vollkommen ausfüllen, während der musilsche Protagonist bei einem größeren Rahmen sozusagen Luft lassen muss. »Dieser sehr kluge und sich selbst gerecht Schulpabst. In allen Sätteln gerecht; Rezept Göthe und doch nicht Göthe. Ein solches Beispiel des guten Menschen ohne Größe ist sehr lehrreich.« So beginnt Musil sein Exzerpt und fällt damit ein Urteil, dessen Maßstäbe er, zumindest beim Verdikt, nicht offen legt. Unbestreitbar war auch ihm die Breite der Begabungen und Interessen Kerschensteiners, Stichwort »in allen Sätteln gerecht«. Kerschensteiner zeichnete, er komponierte, er spielte Klavier, er konnte singen, er war ein begabter und vielseitiger Sportsmann, den die sportlich unbegabte Agathe im Tennis gewiss nicht sechs zu null geschlagen hätte, er nahm an der Vermessung der Alpen teil, arbeitete eine Zeit lang als Meteorologe, war Mathematiker und Physiker, seine botanischen Kenntnisse waren unverächtlich, er hatte einen beachtlichen philosophischen Hintergrund und kannte Dewey und den amerikanischen Pragmatismus zu einer Zeit, zu der das in Europa nicht üblich war, er war – im Gegensatz zu Musil – ein Organisator mit Überblick und Durchsetzungsvermögen. »Spricht geläufig von der Beobachtung von Modalitäten und Relationen (statt bloßer Qualtitäten u[nd] Quantitäten), kennt sich in der Grammatik aus, kann alle Unterarten des Lamium album (weiße Taubnessel) aus dem Handgelenk aufzählen, handhabt Kraepelin, Exkursionsflora u[nd] andere Bestimmungsbücher (welcher Triumph: ich würde dabei nur an den Psychiater [Emil Kraepelin] denken!).« So fährt Musil bei der Beschreibung von Kerschensteiners Eigenschaften fort, nicht ganz unkritisch in eigener Sache. Gerade das Thema Botanik, das Agathe als Beispiel für Hagauers Schulmeisterei anführt – »Weißt du wirklich nicht, dass das Lamium album die weiße Taubnessel ist?« äfft sie ihren Mann wie ein Schulkind nach –, gerade das Thema Botanik also zeigt ja einmal mehr die Unterschiede zwischen dem Pädagogen und dem Romancier. Als der junge Kerschensteiner an das Gymnasium Schweinfurt versetzt wurde, betraute ihn der Direktor unversehens auch mit dem Unterricht in Biologie, einem Fach, das er an der Universität gar nicht belegt hatte. Nach Selbststudium und Kursen an der Universität Würzburg zeigte sich Kerschensteiner bald in der Lage, den Schülern auch in diesem Fach einen Unterricht zu geben, wie ihn selbst die alten Hasen dieses Faches nicht ohne Weiteres leisteten. Das Botanisieren ganz nach seinen allgemeinen Prinzipien als tätiges und erkennendes Lernen. Nicht von ungefähr muss dagegen Ulrich in den späten Kapiteln des »Mannes ohne Eigenschaften« seinen Gärtner herbeiholen, wenn er rat- und namenlos vor einem blühenden Zweig steht. »Man arbeitet sich in die Materie mit Energie ein, die einem das Leben über den Weg legt«: Kerschensteiner exerzierte dies musterhaft immer wieder, während Musil dieses Prinzip sein Leben lang nicht anerkannte und mit Energie nur tat, »was er sich selbst aussuchte«.

Ich sprach vorhin von der – man sollte sagen: schier unglaublichen Breite der Begabungen Kerschensteiners. Gewiss, als Verseschmied, als Zeichner, als Komponist kam Kerschensteiner nicht über das Maß talentierter Laien des 19. Jahrhunderts hinaus, aber auch Musil wäre als Lyriker nicht in die Kulturgeschichte eingegangen, von seinen bildnerischen und musikalischen Fähigkeiten nicht zu reden. Nur die pädagogische und die epische Leistung sorgte jeweils für den Ewigkeitswert und die übernationale Bedeutung – bei Kerschensteiner schon zu Lebzeiten, bei Musil eher postum.

Als Marie Kerschensteiner, die Witwe, 1939 eine Biographie ihres 1932 verstorbenen Gatten vorlegte, war im Klappentext ganz unverblümt von einem »wahrhaft großen Menschen« die Rede, und dies dürfte ganz dem Urteil ihrer damaligen Leser entsprochen haben. Nicht so dem Musils im Jahre 1920. Kerschensteiner verlangte »nicht bloß Lehrer, die ihren Stoff beherrschen, nicht bloß tech-

Kupferschmiede bei der Ausbildung in einer Schulwerkstätte der Elisabethschule.

nisch einwandfreie Phonographen, sondern [...] lebendige, sprühende, glühende, heitere Menschen, Künstler, die den Augenblick gestalten können, den der Unterricht bringt«. Er sah den von platonischem Eros beflügelten Pädagogen in der Nähe des goetheschen Faust mit seinem »Verweile doch, du bist so schön ...« – Formel des Schüler-Glücks während fesselnder Schulstunden. Musil dagegen hatte für Kerschensteiners Lehrer-Ideal »mit reichem Wissen und von tüchtigem Können«, vor dessen »Geist das leuchtende Bild eines vollkommenen physikalischen Unterrichtes schwebt«, zumindest in dieser Formulierung, nur Ironie übrig. In seinen Kapiteln über den Großschriftsteller unterschied Musil bei Menschen die messbare Größe der Wirkung von der unmessbaren Wirkung der Größe. Diese Größe der Wirkung war bei Kerschensteiner um 1920 um ein Vielfaches größer als bei Musil, von dem damals nicht einmal

10 000 Bücher verkauft waren: Kerschensteiners Konzept der Arbeitsschule und der beruflichen Fortbildung strahlte von München in die ganze Welt aus, selbst bis in die islamische, bis zu Ata Türk. Wenn die Wirkung der Größe nicht bloß eine vage physiognomische Anmutung sein sollte, dann mussten auch das »Wesen« eines Menschen, sein Charakter ästimiert werden, und die Lebensleistung musste in Relation gesetzt werden zu den Widerständen, die das Individuum zu überwinden hatte. In der Tat muss Kerschensteiner neben all seinen wissenschaftlichen und künstlerischen Fähigkeiten ein Mann von imponierenden Eigenschaften gewesen sein: von großem Charme, gewinnend, bereit zu verzeihen – und voller Liebe zu allen, die guten Willens waren, nicht zuletzt zu Kindern (während Musil Kinder so sympathisch »wie Schnecken« fand!). »Der Ruhm hat ihn gesucht«, schrieb Marie Kerschensteiner über ihren verstorbenen Gatten. »Und man kann es als einen Zug der Größe ansehen, dass er dabei der schlichteste Mensch geblieben ist. Nie hat er in irgendeiner Weise auf seinen Namen gepocht. Nie war er anders in seinem Wesen, ob nun ein Hochgestellter bei ihm saß oder ein einfacher Handwerksmann. Er war der unabhängigste Mensch. Äußerliches nötigte ihm keinen Respekt ab. Die Ehrfurcht fing bei ihm erst bei den Trägern zeitloser Werte an. Er war anspruchslos in persönlichen Dingen und war bescheiden. Aber seine Bescheidenheit war die des Unbestechlichen, nicht die des Kleinmütigen. Er hat sein Licht nicht unter den Scheffel gestellt. Er war ehrlich auch gegen sich, er wusste, dass er als ein ganzer Mann die Prüfungen des Lebens durchstritten hat. Sein Sinn für Gerechtigkeit, nächst der Güte vielleicht seine leuchtendste Charaktereigenschaft, hat ihn geführt, jederzeit den Maßstab sachlichen Urteils auch an das eigene Tun zu legen. ›Sachlichkeit ist auch Sittlichkeit‹, war einer seiner Wahlsprüche. […] In einem Briefe steht dies: ›Oft wenn die Menschen mir Beifall klatschen und mich glücklich preisen, denke ich: Wenn sie nur meine Wunden sähen! Aber es ist wohl gut, dass sie die Wunden nicht sehen.‹«

Auch Musil sah sie nicht: die Wunden, die politische Anfeindung und Verleumdung Kerschensteiner geschlagen hatten, die Wunden, die aus der Tragik seiner Ehe herrührten, aus dem Umstand, 30 Jahre lang mit einer geselligkeitsfeindlichen, gehemmten und bigotten Frau verheiratet zu sein. Mag das Urteil der zweiten Frau

Marie, die insgesamt zu einem hohen, idealistisch-idealisierenden Ton neigte, auch ein wenig zu hymnisch sein – selbst bei Abstrichen von ihrer Verehrung bleibt genug Größe Kerschensteiners übrig, um Musils Votum in Zweifel zu ziehen und zu relativieren: »Hilfe suchende fanden ihn immer an seinem Platz«, schreibt Marie Kerschensteiner. »Es gelang ihm schlecht, nein zu sagen, wenn jemand ihn um etwas bat. Dem Armseligen, dem Kleinen war er gern ein Freudenbringer. Dem harmlos Schwachen galt sein Verstehen. Nur das bewusst Schlechte brachte ihn in Harnisch, dann konnte er hitzig sein wie in den jungen Tagen.«

Es scheint, als habe Musil in den zwölf Jahren zwischen Dezember 1920, dem Exzerpt aus Kerschensteiners Buch über den naturwissenschaftlichen Unterricht, und Dezember 1932, als Band II/1 zum MoE erschien, sein Kerschensteiner-Bild nicht mehr verändert. Vielleicht las er noch den einen oder anderen, durch Porträt-Fotos illustrierten Zeitungsartikel in Wien oder Berlin, z. B. im Januar 1932, als Kerschensteiner starb – geändert hat das allenfalls Nuancen. In Kapitel 2 des II. Bandes zum MoE hatte Gottlieb Hagauer – beim Nachnamen griff Musil, mit einer winzigen Variante, der Elision des »L«, auf seine eigene Familiengeschichte zurück – in Kapitel 2 des II. Bandes zum MoE hat Gottlieb Hagauer also seinen ersten Auftritt. Ulrich, gerade am Sarg seines Vaters mit der Schwester Agathe zusammengetroffen, versucht, »sich ihren Gatten zu vergegenwärtigen, so gut er es vermochte, um sie besser zu verstehn. Der war ein mittelgroßer Mann mit eingezogenem Kreuz, rund in derb geschneiderten Hosen steckenden Beinen, etwas wulstigen Lippen unter einem borstigen Schnurrbart und einer Liebhaberei für groß gemusterte Krawatten, die wohl anzeigen sollte, dass er kein gewöhnlicher, sondern ein zukunftswilliger Schulmeister sei. ›Das ist doch einfach der aufgeklärte tüchtige Mensch, der Brave, der die Menschheit auf seinem Felde fördert, ohne sich in Dinge zu mischen, die ihm ferne liegen‹, stellte Ulrich fest, wobei er sich auch an die Schriften Hagauers wieder erinnerte, und versank in nicht ganz angenehme Gedanken.«

Im weiteren Verlauf des Textes spielt Musil immer wieder an auf die Schrift zum naturwissenschaftlichen Unterricht und auch kurz auf die Preisschrift »Wie ist unsere männliche Jugend nach Entlassung aus der Volksschule bis zum Heeresdienst am zweckmäßigsten zu erziehen?«, die die Akademie gemeinnütziger Wissenschaften in Erfurt vor dem Ersten Weltkrieg prämiert hatte. »›Ich erinnere mich‹, sagt Ulrich zu seiner Schwester, diese Texte zusammenwerfend, »einmal ein Buch von ihm gelesen zu haben, worin einerseits von dem unersetzlichen Wert des historisch-humanistischen Unterrichts für die sittliche Bildung die Rede war und ebenso andererseits von dem unersetzlichen Wert naturwissenschaftlich-mathematischen Unterrichts für die geistige Bildung und drittens von dem unersetzlichen Wert, den das geballte Lebensgefühl des Sports und der militärischen Erziehung für die Bildung zur Tat hat [...] er zitiert in einer für einen Schulmeister geradezu revolutionären Weise nicht nur die Schulgrößen, sondern auch die Flugzeugerbauer, Politiker und Künstler des Tags ... ›Er zitiert so‹, ergänzte Agathe ›dass er beispielsweise in der Musik bedenkenlos bis zu Richard Strauß oder in der Malerei bis zu Picasso gehen wird: Niemals aber wird er, und sei es auch nur als das Beispiel von etwas Falschem, einen Namen nennen, der sich nicht schon ein gewisses Hausrecht in den Zeitungen zumindest dadurch erworben hat, dass sie sich tadelnd mit ihm beschäftigen!‹

So war es. Das hatte Ulrich in seiner Erinnerung gesucht. Er blickte auf. [...]›So ist er mit der Zeit ein Führer geworden, indem er als einer der Ersten hinter ihr drein ging‹, ergänzte er lachend.«

Dies ist, laut Musils Gesamtfiktion und des Zeitrahmens für seinen Roman, im letzten Jahr vor dem Ersten Weltkrieg geäußert, eine gewisse Verdrehung der Tatsachen oder, falls wider besseres Wissen, gar eine kleine Verleumdung, zumindest im Hinblick auf die Musik von Richard Strauß. Es ist nämlich überliefert, dass Kerschensteiner an einem Märzabend des Jahres 1881 unter dem Publikum von Richard Straußens 1. Sinfonie war, mit der der damals 17-jährige Komponist vor den Münchner Musikfreunden debütierte. Kerschensteiner gehörte da zu den »Männern der ersten Stunde«, er sah »die mystische Urkraft in der Hülle eines jugendlichen Menschen«, wie Marie Kerschensteiner pathetisch formuliert – dass hinwiederum eine solche Musik sich für den Fortbildungsunterricht an den Volks- und Berufsschulen nicht ausmünzen ließ, so wenig wie später Schönbergs Gurre-Lieder oder der »Pierrot Lunaire«, versteht sich von selbst.

So endet der Disput zwischen Ulrich und Agathe über Hagauer vorläufig mit einem Vorschlag zur Güte:

»›Immerhin, lass uns bescheiden sein‹, meinte Ulrich. ›Der Name deines Gatten bedeutet ein Programm, das heute schon vielen als das Höchste gilt. Sein Wirken stellt einen soliden kleinen Fortschritt dar. Sein äußerer Aufstieg kann nicht mehr lange säumen. Aus ihm wird über kurz oder lang mindestens ein Universitätsprofessor werden, obgleich er sich mit seinem Brotberuf als Mittelschullehrer geschleppt hat; und ich, siehst du, der ich gar nichts anderes zu tun hatte, als was auf meinem geraden Weg lag, bin heute so weit, dass es wahrscheinlich nicht einmal zur Dozentur bei mir kommt: Das ist schon etwas!‹«

Als Musil dies publizierte, waren es gewissermaßen vaticinationes-ex-eventu-Prophezeiungen, die aus dem längst eingetretenen Ereignis abgeleitet waren: Seit 1918 war Kerschensteiner/Hagauer Professor. Musil schmiegte sich diesen Tatsachen an – so wie er sich auch den Zitaten aus Kerschensteiners Buch anschmiegte, mit kleinen Retuschen, wenn er etwa den Namen des amerikanischen Philosophen John Dewey in den eines englischen Schriftstellers namens Surway abwandelte. Kerschensteiner hatte nach Dewey fünf Stufen im Prozess des logischen Denkens unterschieden:

»a. Beobachtungen, die eine Schwierigkeit in der Deutung unmittelbar empfinden lassen,
b. die nähere Umgrenzung u.[nd] Feststellung der Schwierigkeiten,
c. die Vermutung einer möglichen Lösung,
d. die vernunftgemäße Entwicklung der Konsequenzen der Vermutung,
e. weitere Beobachtungen für ihre Annahme oder Ablehnung u.[nd] damit Abschluss des Prozesses.«

Dieses Schema übernimmt Musil wörtlich in das Kapitel 29 »Professor Hagauer greift zur Feder« und nennt es das »bestens bekannte ›Verfahren der Knöpfe‹«. »Es besteht darin, dass man auf seine Gedanken methodisch einwirkt, und zwar auch vor erregenden Aufgaben, ähnlich wie ein Mensch an seinen Kleidern Knöpfe annähen lässt, weil er nur Zeitverluste zu beklagen hätte, wenn er vermeinte, jene ohne diese rascher vom Leib zu bringen.« Musil lässt es Hagauer sowohl auf das Tennis anwenden – »ein so weltmännisches Geschäft [...] als er es im Klub der Staatsbeamten erlernte, wodurch dieses Spiel einen beachtsamen geistigen Reiz für ihn gewann« – als auch auf seine Gefühlsangelegenheiten, die Trennungskalamitäten mit Agathe. Die »arme künstlerisch begabte Agathe«, die »mystische Agathe« sollte in vielem ein Gegentyp zu Hagauer sein, und in diesem Zusammenhang ist es aufschlussreich, wie Agathe aus Schwächen in Hagauers Augen Stärken macht und wie Ulrich damit ihren Typus unterstreicht. Kerschensteiner verdeutlicht in seinem hier oftmals erwähnten Buch an Zitaten aus Pindar und Shakespeare die Annäherung an dichterische Sätze, die Anpassung der sprachlichen Suchbewegungen an den fremden Text, oder, wie Musil einmal sagte, den »Simultaneffekt sich gegenseitig bestrahlender Worte«. Bis zum heutigen Tag arbeiten Schüler wie professionelle Übersetzer mit Interlinearversionen, rohen Wort-für-Wort-Übertragungen, die anschließend flüssiger gemacht, in ein Metrum oder gar ein Reim-Schema gegossen werden. Eine solche primitive, von »harten Fügungen« nur so strotzende Version einer Passage aus Shakespeares »Julius Cäsar« (II. Akt, 2. Szene) bot Kerschensteiner in seinem Buch über den naturwissenschaftlichen Unterricht; Musil notierte sie samt der Nachdichtung von Schlegel-Tieck und entwickelte daraus eine Szene zwischen Ulrich und Agathe an der Bahre ihres toten Vaters: Die beiden Geschwister sprechen über Hagauers Erziehungs- und Übersetzungsmethoden und wie er den rohen Verdeutschungen seiner Eleven die »letzte Feile« zu geben pflegt.

»›Und es war doch schön‹, – fragte [Agathe] – ›dass der Kleine in seiner Schule, mit dem er nicht zufrieden war, die Worte so wörtlich und schaurig übersetzt hat, wie er sie da liegen fand wie einen Haufen auseinandergefallener Steine?‹ Und sie wiederholte [Shakespeare]: ›Feige sterben oftmal vor ihrem Tod – Die Tapfern niemals kosten vom Tode außer einmal – Von all den Wundern, die ich noch habe gehört – es scheint für mich sehr seltsam, dass Menschen sollten fürchten – sehend, dass Tod, ein notwendiges Ende – wird kommen, wann er will kommen...!!!‹

Sie hatte die Hand um den Türpfosten geschlungen wie um den Stamm eines Baums und rief diese rohbehauenen Verse so wild und schön heraus, wie sie waren, ohne sich davon stören zu lassen, dass ein eingeschrumpfter Unglücklicher [ihr Vater] unter dem Blick ihrer, den Stolz der Jugend widerspiegelnden Augen lag.

Ulrich starrte mit gerunzelter Stirn seine Schwester an. ›Ein Mensch, der ein altes Gedicht nicht glättet, sondern in seiner Verwitterung halb zerstörten Sinnes belässt, ist der gleiche wie jener, der einer alten Statue, der die Nase fehlt, niemals eine aus neuem Marmor aufsetzen wird‹, dachte er. ›Das könnte man Stilgefühl nennen, aber das ist es nicht. Und auch der Mensch ist es nicht, dessen Einbildung so lebhaft ist, dass ihn das Fehlende nicht stört. Sondern es ist eher der Mensch, der auf Vollständigkeit überhaupt keinen Wert legt und darum auch von seinen Empfindungen nicht verlangen wird, dass sie ›ganz‹ seien. Sie wird geküsst haben‹, schloss er daraus mit einer plötzlichen Wendung, ›ohne gleich am ganzen Leib einzustürzen!‹ Es schien ihm in diesem Augenblick, dass er von seiner Schwester nichts zu kennen brauchte als diese leidenschaftlichen Verse, um zu wissen, dass sie nie ›ganz in etwas darin‹, dass auch sie ein Mensch des ›leidenschaftlichen Stückwerks‹ sei so wie er. Er vergaß darüber sogar die andere nach Maß und Beherrschung verlangende Hälfte seines Wesens.«

Kerschensteiners »Hilfskonstruktion« oder besser: »Hilfs-Rekonstruktion« von Pindar und Shakespeare wird für Musil zum Anlass einer Typologie Ulrichs und Agathes, wobei Agathe mehr durch das »leidenschaftliche Stückwerk« und Ulrich durch die Polarität von Leidenschaft einerseits und dem Streben nach Maß und Beherrschung andererseits gekennzeichnet ist. Und wenn Agathe die ganze Szene damit beendet, dass sie ihrem Bruder die Zunge herausstreckt, dann ähnelt das durchaus Kerschensteiners »Leckt's mi am Oasch«, mit dem er einst wütend eine Sitzung verließ.

Für Kerschensteiner gewiss ein Ausrutscher, der durch seine pädagogischen Theorien nicht gedeckt war. In fast jeder Pädagogik pflegen »Maß und Beherrschung« gefördert und unkontrollierte Ausbrüche, der Hang zu Schmerzbekundungen und Unmutsäußerungen bekämpft zu werden – ohne dass es gleich zum spartanischen Ideal kommen muss, bei dem die Knaben angehalten wurden, Stockschläge und Fuchsbisse lautlos zu ertragen. Kein Zweifel, dass Bücher wie das Kerschensteiners über den Wert des naturwissenschaftlichen Unterrichts den rationalen Pol förderten. Die Lektüre dieses Werks hinterließ bei Musil schließlich bei allen Vorbehalten gegen den »sehr klugen und sich selbst gerechten Schulpabst« doch so tiefe Spuren, dass der nicht minder selbstgerechte und omnipotente Ulrich zumindest für ein paar Lese-Minuten lang mit sich ins Gericht geht, ehe er schließlich wieder die Oberhand behält. Ein weiteres Mal bezieht Musil sich dabei auf Deweys, von Kerschensteiner propagierte fünf Stufen im Prozess des logischen Denkens, im Roman mehr ein mnemotechnisches Hilfsmittel als ein Instrument zur Problemlösung:

»Man kann solche Menschen [wie Hagauer] schon ursprünglich in ihrer Schülerzeit kennzeichnen«, heißt es im Kapitel »Vertrauen«. »Sie lernen weniger [...] gewissenhaft als ordentlich und praktisch. Sie legen sich jede Aufgabe vorerst zurecht, wie man sich abends die Kleidung des nächsten Tages bis auf die Knöpfe zurechtlegen muss, wenn man morgens rasch und ohne Fehlgriff fertig werden will; es gibt keinen Gedankengang, den sie nicht mittels fünf bis zehn solcher vorbereiteten Knöpfe fest in ihr Verständnis heften könnten, und man muss einräumen, dass dieses sich danach sehen lassen kann und der Untersuchung standhält. Sie werden dadurch Vorzugsschüler, ohne ihren Kameraden moralisch unangenehm zu sein, und Menschen, die wie Ulrich von ihrem Wesen bald zu einem leichten Übermaß, bald zu einem ebenso geringfügigen Untermaß verleitet werden, bleiben auf eine Weise, die so leise schleicht wie das Schicksal, hinter ihnen zurück, auch wenn sie viel begabter sind. Er bemerkte, dass er vor dieser Vorzugsart Menschen eigentlich eine geheime Scheu habe, denn ihre gedankliche Genauigkeit ließ seine eigene Schwärmerei für Genauigkeit ein wenig windig erscheinen. ›Sie haben nicht die Spur von Seele‹, dachte er, ›und sind gutmütige Menschen; nach dem sechzehnten Jahr, wenn sich die jungen Leute für geistige Fragen erhitzen, bleiben sie scheinbar hinter den andern ein wenig zurück und haben nicht recht die Fähigkeit, neue Gedanken und Gefühle zu verstehn, aber sie arbeiten auch da mit ihren zehn Knöpfen, und es kommt der Tag, wo sie sich darüber ausweisen können, dass sie immer alles verstanden haben, ›freilich ohne alle unhaltbaren Extreme‹, und schließlich sind sie es noch, die den neuen Ideen Eingang ins Leben verschaffen, wenn diese für andere längst verklungene Jugend geworden sind oder einsame Übertreibung!‹«

Weiter ging Ulrich in seiner Selbstkritik nie (selbst wenn die Ambivalenzen und Abwertungstendenzen gegenüber dem Antipoden Hagauer nicht ganz verstummen). Musils Tagebücher belegen, dass er sich manchmal selber mehr von dem Dewey-Kerschensteinerschen Knopf-System wünschte. Seine Schwierigkeiten bei der Endfassung des I. Bands zum »Mann ohne Eigenschaften« analysierend, ermahnte er sich: »Beim Schreiben schwieriger Partien zuerst das Leichte in Schlagworten, die Knoten- u[nd] Übergangsstellen aber ausführlich u.[nd] richtig machen, um nicht schon ermüdet zu ihnen zu kommen.« Gegen die von seiner Mutter geerbten Verwirrungszustände ankämpfend, konstatierte er gelegentlich, so beim Schreiben der hochkomplizierten Kapitel über Gefühlspsychologie, er sei nie imstande gewesen, seinem Vater zu erklären, womit er sich beschäftige. »Ich habe das noch heute; wollte ich jemand die Kapitel über Gefühl erklären, an denen ich nun schon so lange und beinahe schon mit Erfolg schreibe, ich verwirrte mich alsbald und bliebe stecken. Mit Selbstliebe gesehen, wäre es die Grundeigenschaft eines Mannes ohne Eigenschaften, der Unterschied von den Schriftstellern, die alles klar vor sich haben, das ›gestaltende‹ Denken anstelle des rein rationalen. Aber es ist auch die große Unklarheit meines Lebens. Ich bin kaum ein unklarer Kopf zu nennen, aber auch kein klarer. Mit Nachsicht, das Klärungsvermögen ist stark, das Verunklärende gibt aber nur im Einzelnen nach.«

Einmal mehr gibt sich Musil mit solchem Selbstbild als Urbild des »Mannes ohne Eigenschaften« zu erkennen, während man Hagauer und Kerschensteiner guten Gewissens Männer *mit* Eigenschaften nennen kann. Dabei ist es eine ungelöste Frage, wie groß 1932/33 die Schnitt-Menge zwischen Musil-Lesern und Kerschensteiner-Kennern war, die im karikierenden Porträt, in Hagauer den unlängst verstorbenen Pädagogen Kerschensteiner erkannten und vielleicht sogar die Witwe und die Söhne informierten. Gemessen an den heutigen juristischen Auseinandersetzungen um Schlüssel-Figuren – man denke an die letzten Romane von Maxim Biller und Alban Nicolai Herbst –, hatte Musil vielleicht Glück, dass ihn die Familie Kerschensteiner, flankiert von Friedrich Wilhelm Foerster, dem anderen karikierten Pädagogen (Lindner), nicht wegen Beleidigung/Verleumdung auf Unterlassung und Schmerzensgeld verklagte. Dies wäre freilich eine besondere Variante des von Kerschensteiner gebannten »Strafgeistes« gewesen und juristisch wahrscheinlich auch gar nicht sonderlich aussichtsreich; das Schweigen, die Nicht-Reaktion war in jedem Fall die vornehmere Variante.

Was die Leser damals gar nicht verfolgen konnten, war, dass sich das Verhältnis Agathes zu dem Mann, zu dessen Ungunsten sie das Testament ihres Vaters fälscht, im Verlauf der folgenden Jahre änderte. Noch im letzten Kapitel, das Musil schrieb, in den berühmten »Atemzügen eines Sommertags« aus dem Frühjahr 1942, jenem Höhepunkt der taghellen Mystik, taucht Hagauer plötzlich wieder auf, aber es scheint nun, als wolle Agathe mit dem so schmählich verlassenen Gatten innerlich ihren Frieden machen. Angesichts jenes bei Musil-Lesern legendären Blütenzugs durch die Frühlingsluft fragt sich Agathe »auf das törichteste, und sehr erpicht auf diese Torheit: ›Bin ich wirklich jemals heftig, boshaft, hasserfüllt und unglücklich gewesen?‹ Ein Mann ohne Namen wurde ihr erinnerlich; dem der Name fehlte, weil sie ihn an sich trug und mit sich fortgetragen hatte. Wenn sie an ihn dachte, empfand sie ihren Namen wie eine Narbe; aber sie fühlte keinen Hass mehr gegen Hagauer, und nun wiederholte sie ihre Frage mit dem etwas schwermütigen Starrsinn, mit dem man einer entflossenen Welle nachblickt. Wohin war das Verlangen gekommen, ihn fast tödlich zu verletzen? Sie meinte fast, es sei ihr abhanden gekommen und müsste sich noch in ihrer Nähe finden lassen [...] und in diesem Augenblick hob sich von dem Umschwung des Lebens, der Flucht seiner Leidenschaften und Zustände, von dem wunderlichen Strom des Gefühls – worin sich sonst die Jugend, wenig davon wissend, naturhaft-großartig erkennt – von neuem rätselhaft der steinklare Himmel der reglosen Verträumtheit ab, aus der sie soeben erwacht war!«

Vorbei die möglichen juristischen Winkelzüge zur Verteidigung von Agathes Vergehen? Es ist eine Pazifierung eingetreten, die einst an der Bahre des Vaters noch ganz undenkbar schien. Vorbei das Gelüst, die bedeutsamen wissenschaftlichen Sätze Hagauers/Kerschensteiners über den Gang der Induktion nachzuäffen und sich über seine philosophisch fundierte Methode lustig zu machen. Denkbar, dass auch der alte Musil eine größere Nähe zu dem seit zehn Jahren toten Kerschensteiner empfand als zu Beginn der zwanziger Jahre. Eine besondere Pointe bildet es, dass Musil offenbar im Zusammenhang mit seiner Kerschensteiner-Lektüre eigene Gedanken zum »Schulproblem« entwickelte und sie niederschrieb. Sie sind sozusagen die Summe seiner eigenen Erfahrungen und die

Frucht der von der pädagogischen Literatur anregten Reflexion. Es ist wohl sinnvoll, sie ausführlicher zu Wort kommen zu lassen:

»Alle die Schulprobleme (Realschule oder Gymnasium, Latein oder auch Griechisch, Abiturium oder Beschreibung des Schülers, Schulgemeinde oder Disziplinschule, Lernschule oder Erziehung, Religionsunterricht oder nicht usw.) sind im Grunde nur eines und das ist kein Schulproblem, sondern ein Lebensproblem.

Zunächst nur das Wissen betrachtet: Das Problem ist: Zu jeder Zeit das wissen, was man braucht. Dieses Problem ist in der Schule nicht zu lösen; dort kann seine Lösung nur angebahnt werden.

Was habe ich alles gelernt? …

Einiges ist ganz verloren gegangen. Von der Mehrheit [der Stoffe] ist ein gewisses latentes Wissen geblieben. Hinreichend[,] um mir auf vielen Gebieten die Bildung vorläufiger Ideen zu ermöglichen, die an und für sich gar nicht genügen, aber für die Weiterarbeit eine brauchbare Basis sind.

Die Schule hat intellektuell 1) diese Basis zu geben 2) die Technik der Weiterarbeit. 3) sie hat den Intellekt zu schulen (wenn man das nicht schon als in 1 u[nd] 2 enthalten ansieht).

Was ist mir geblieben? Lesen, die 4 Spezies in einfachster Ausführung, Rechtschreiben (mit wiederholter Nachhilfe). Aus Geschichte usw. vage Brocken.

So geht es aber auch einem Arzt-Spezialisten auf dem Gebiet der Medizin i.a., einem Ingenieur usw.

Lässt sich dieser Effekt nicht ökonomischer erzielen? Die Aufgabe ist: Optimum an mühelosem, praktischem, unvergesslichem Überblick. – Technik des Wiederfindens lehren.

Jedenfalls erfordert das eine gewisse innere Anordnung des Stoffes.

1) Man lernt nicht zu viel, man lernt nicht zu wenig, sondern man lernt im unrechten Augenblick.
2) Es handelt sich nicht darum, ob mehr Humaniora oder mehr Realia, sondern darum, dass weder die noch die den Menschen entsprechen rüsten.
3) Die Schule ist nicht mit der Schule zu Ende[.] Was sie zu geben hat, ist eine Grundlage, Sehnsucht nach mehr und Arbeitstechnik. Der Schulgang kann gekürzt werden.

4) Dafür muss der Fortbildungsunterricht auch der ›Gebildeten‹ organisiert werden u.[nd] die geistige Arbeit.
5) Die Prüfungen sind einzuschränken auf:
   a) das unbedingt zu Merkende
   b) das gedächtnispädagogisch ev.[entuell] Notwendige
6) Der Unterricht ist einzuschränken auf
   a) [das unbedingt zu Merkende UND das gedächtnispädagogisch eventuell Notwendige]
   b) Anleitende u.[nd] aneifernde Übersichten
   c) Alles Eingehendere ist fakultativ zu behandeln.
   d) Die Gliederung der Mittelschulstudien hat sich dabei schon der Hochschule anzupassen.
7) Sprachunterricht: Moderne u.[nd] alte Sprachen nach praktischer Methode beibringen; Lehrziel: Verständnis leichter Lektüre. Zum Träger der logisch-grammatikalischen Erziehung die deutsche Sprache nehmen.
8) Literaturgeschichte ersetzen durch
   a) Einführung in die Lektüre
   b) Kulturgeschichte
9) Religionsunterricht ersetzen durch Geschichte der Ideologien. Zeitung als Bildungsmittel heranziehn.

Latein u[nd] Griechisch: Ich lerne aus dem einen Aufsatz Taines über die Anabasis mehr über Griechenland als aus mühsamem Sprachstudium.

Welcher Wahnsinn wäre [es,] täglich zwei Seiten Strindberg durchzunehmen. So werden aber klassische Autoren gelesen; verteilt aufs Jahr! Unkünstlerisch in phantastischem Maße.

Der Geist der klassischen Geschichte ist von Mommsen, Niebuhr, Sybel, Savigny usw. usw. verarbeitet worden. Verschieden verarbeitet. Soll man dem noch den Geist des Lehrers hinzufügen?! Der Schüler kann sich keine eigene Auffassung bilden, denn er kennt zu wenig das Material. Den Geist des Altertums zu erfassen sind die klassischen Studien durchaus nicht das geeignetste Mittel.«

Nicht weniges davon ist Geist von Kerschensteiners Geist, nicht zuletzt die Idee des lebenslangen Lernens, wobei vorderhand unklar bleiben muss, was bei Musil direkte Anregung, was intellektuelle Parallelaktion ist. Deutlich ist, dass Musil, selbst humanistisch-gebranntes, nachbüffelndes Kind die Rolle der alten Sprachen ziemlich reduziert und die Rezeption der Antike gründlich reformiert hätte, vermutlich auf der Basis guter deutscher Übertragungen. Er, der selbst im nachgeholten Abitur 1904 aus Livius und Homers Ilias übersetzen musste, hätte sich bei der Vermittlung der Alten eben lieber der Führung des ersten deutschen Nobelpreisträgers für Literatur, Theodor Mommsen, und seiner Kollegen anvertraut, als sich mühsam Satz für Satz durch die originalen Texte der antiken Klassiker voranzutasten. Das altsprachliche Gymnasium, das zu Kerschensteiners Zeiten ja noch in Blüte stand, hat in den vergangenen 70, 80 Jahren einen damals nicht zu ahnenden Rückgang erlebt, und der heutige Referent, der von 1952 bis 1961 ein altsprachliches Gymnasium in Bayern absolviert hat, muss gestehen, dass dieser Verlust an Bedeutung und Akzeptanz nicht ganz unverdient ist. Denn in 99 von 100 Unterrichtsstunden waren die Latein- und Griechisch-Lektionen seinerzeit doch nur Turnstunden am Reck der Grammatik, und alles in allem war es eine Antike ad usum Delphini, eine kastrierte Antike, die da vermittelt wurde: Nicht zuletzt die aktuellen politischen Inhalte kamen zu kurz. Niemand machte uns damals in den Fünfzigern und frühen Sechzigern klar, dass in den – auf der Schule tabuisierten – Kaiser-Viten Suetons die Strukturen totalitärer Herrschaft beschrieben waren und dass die Stalins, Hitlers (bis hin zu Saddam Hussein heute) Brüder von Nero, Caligula und ähnlichen Bestien waren. Der Schul-Typus humanistisches Gymnasium mit Rumpf-Physik und ohne jegliche Chemie, mit abwählbarer Mathematik hatte sich im Grunde schon zu meiner Jugendzeit überholt und erhält durch das breite Desinteresse der jungen Generation die Quittung für eine verfehlte staatliche Schulpolitik.

Was das von Musil vorgeschlagene Deutsche als Grundlage angeht – hier unterscheidet er sich deutlich von Kerschensteiner –, so muss man wohl aus der heutigen Sicht feststellen, dass der in der deutschen Öffentlichkeit unübersehbare Verfall der grammatischen Kenntnisse in der Tat mit dem Abbau des Lateinischen und Griechischen zusammenhängt. Die schlichten Geheimnisse der Apposition etwa, um nur *ein* Beispiel zu nennen, sind heute offenbar vielen Lehrern ebenso unbekannt wie den Autoren, Lektoren, Journalisten. Man kann heute keine Zeitung, kein Buch mehr aufschlagen, ohne auf die schlimmsten grammatischen Fehler zu stoßen. Da wäre, so mein Eindruck, mehr Latein durchaus nützlich.

Durchaus einig scheinen sich Musil und Kerschensteiner in der These gewesen zu sein, die Schule habe nicht die Aufgabe, ihre Zöglinge als wandelnde Enzyklopädien zu entlassen. Sie habe vielmehr das Lernen des Lernens oder Wiederlernens zu lehren, zu zeigen, wo und wie man das Wissen findet, das man ad hoc braucht.

Weder Kerschensteiner noch Musil konnten ahnen, welche pädagogische Revolutionen der technische Fortschritt mit sich bringen würde. In der Ära der Taschenrechner ist beispielsweise das langwierige Wälzen der Logarithmentafeln, mit dem unsereiner in seiner Jugend traktiert wurde, obsolet geworden. Beide Männer, Kinder des Zettelkasten- und Rechenschieber-Zeitalters, haben den Aufstieg des Computers nicht mehr erlebt und wussten noch nichts von Internet und Such-Maschinen, die auf ein eingegebenes Stichwort hin womöglich Tausende von Hinweisen liefern. Diese Technologien bieten ungeheure Möglichkeiten der Entlastung – und der Entrümpelung von Lehrplänen, auf die Gefahr hin, dass die Informationen unter Ausschaltung des eigenen Kopfes von einem Computer in den anderen übergehen.

Woran aber kein technischer Fortschritt etwas ändern sollte war, um es mit Kerschensteiner zu sagen, »den Geist des Forschens in die Schüler zu tragen«, und daneben die Bedeutung des Exemplarischen. »Eines recht tun gibt mehr Bildung als Halbheit im Hundertfältigen«, schreibt Kerschensteiner, und Musils Echo mit der negativen Volte: »In dem einen, was schlecht getan wird, sieht man das Gleichnis von allem, was schlecht getan wird.«

Schulgebäude der Fortbildungsschule am Elisabethplatz, erbaut nach Plänen von Theodor Fischer (1900–1902), ein Prototyp der »Kerschensteinerschen Schulburgen«, von denen ca. 30 während der 24-jährigen Amtszeit Kerschensteiners als Stadtschulrat gebaut wurden.

Karlheinz A. Geißler

Kerschensteiner – Na, und?

Nimmt man die Anstrengung auf sich, den Geburtstag von Georg Kerschensteiner als herausgehobenes Ereignis zu feiern, wie dies die Münchner Volkshochschule und die Monacensia ja getan haben, dann wohl nicht oder nicht nur, um an die vergangenen Zeiten wegen irgendwelcher Sentimentalitäten und aus denkmalspflegerischen Motiven zu erinnern. Eine solche Veranstaltung ist ja auch und im Besonderen dazu da, sich die heutigen Probleme zu vergegenwärtigen und Perspektiven für die Lösung eben dieser Probleme aufzuzeigen. Solches wäre im Übrigen ganz und gar im Sinne von Kerschensteiner und diesbezüglich könnten wir auch seiner Unterstützung gewiss sein. Denn was ihn auszeichnete und berühmt machte, waren seine Organisationsphantasie, sein Reformergeist und sein Reformermut. Er hat sich eben gerade nicht mit den vorhandenen und den ihm vorgegebenen Bedingungen abgefunden. Und das Wichtigste, was man von ihm lernen kann, ist, dies auch heute nicht zu tun.

Man muss Kerschensteiner für viele kreative Ideen und deren Realisierung bewundern. Ihn jedoch heilig zu sprechen verbietet allein seine distanzierte Haltung zur Kirche und ihn zum Sonnengott des Berufsschulwesens zu machen ist schlichtweg unangebracht – auch wenn so manche hin und wieder ausgestellte Devotionalie, wie sein aufbewahrter Sessel sowie der Abguss seiner rechten Hand, durchaus zu solcher Attitude verführen.

Der Münchner Stadtschulrat Kerschensteiner hat in seiner Amtszeit vielerlei auf den Reformweg gebracht. Er hat die verschiedensten Lehrpläne reformiert, er hat das Volksschulwesen ausgebaut, indem er die achten Abschlussklassen einführte, er hat eine Arbeitsschulkonzeption entwickelt und vieles andere mehr. Was ihm jedoch weltweite Resonanz einbrachte, ist die pädagogische Phantasie, die zur Entwicklung und zur Realisierung der beruflichen Fortbildungsschulen führte, jener Institutionen, die man dann ab den zwanziger Jahren des letzten Jahrhunderts »Berufsschulen« nannte. Nur darauf werde ich meine Perspektive konzentrieren – nicht zuletzt, weil diese damalige Modernisierung eine Wirkung auslöste, die heute noch die Berufsbildungsrealität prägt. Weil das so ist, kommt man nicht umhin, an einem solchen Jubiläum die Frage nach der Modernisierung der Berufsschule wieder zu aktualisieren. Dies würde sicher die Unterstützung Kerschensteiners erhalten. Konzeptionell und inhaltlich heißt das aber, sich von Kerschensteiner zu entfernen oder, wenn wir's familiendynamisch ausdrücken, sich vom dominanten Vater des Berufsschulsystems abzulösen, um im Denken und Handeln eigenständig werden zu können.

Die gesellschaftlich organisierte und institutionalisierte Bildung dient bekannterweise drei Funktionen:

1. Der Qualifikation für die manuellen und geistigen Anforderungen nach bzw. außerhalb der Bildungsmaßnahmen.
2. Der Integration der zu Bildenden in die jeweiligen Ordnungsvorstellungen der Gesellschaft.
3. Und der legitimierten Verteilung von gesellschaftlicher Ungleichheit. Wir nennen dies die Selektionsfunktion von Bildung.

Es ist diese kategoriale Trias von Qualifikation, Integration und Selektion, die ich meinen weiteren Ausführungen zugrundelege.

1. Zur Qualifikationsfunktion

Es sind der »Beruf« und die »berufliche Tätigkeit«, die im Mittelpunkt des Kerschensteinerschen Denkens stehen. Berufsbilder in verrechtlichter, codifizierter Form gab es damals, speziell im stark expandierenden industriellen Bereich, nicht. Es gab die Schule und es gab den Betrieb, aber nichts dazwischen. Und es ist Kerschensteiners Verdienst mit dem Orientierungsmerkmal »Beruf« die Schule aufs Außerschulische und den Betrieb aufs Außerbetriebliche hinzuweisen und hinzuorientieren. Die Resonanzen von Kerschensteiners Überlegungen und Reformvorhaben sind nicht zuletzt damit zu erklären, dass er die Klammer zwischen Schule und Betrieb fand, den Beruf nämlich.

Das Kerschensteinersche Berufsbildungskonzept ließ Anschlüsse an damals zeitgemäße ökonomische Anforderungen zu. Es kam jenen Unternehmern und Handwerksmeistern entgegen, die den expandierenden Wettbewerb über die Qualität ihrer Produkte gestalteten und dafür »brauchbare Arbeitskräfte« benötigten. Dass der Weg – so Kerschensteiners viel zitierte Formulierung – zum idealen Menschen nur über den brauchbaren Menschen führt, fand den Beifall jener, die sich für die Arbeitskraftverwertung interessierten. Und »brauchbar« war nicht länger der unwissende, hörige und auf starre Vorgaben angewiesene Arbeiter, sondern der anpassungsbereite, technikfreundliche, handlungskompetente. Pointiert dargestellt: Man benötigte nicht mehr länger den Werktätigen, der sich bei einem Maschinendefekt im Betrieb an die vierzehn Nothelfer wendet, sondern jenen, der nachsieht, wo der Fehler liegt und etwas tut, damit dieser behoben wird. Auch wenn die einflussreichen Innungen von Kerschensteiner nur durch große Anstrengungen von seiner Reformidee überzeugt werden konnten, so blieb ihnen aus ökonomischen Gründen letztlich gar nichts anderes übrig, als die Veränderung der Qualifikationsanforderungen zur Kenntnis zu nehmen und das kerschensteinersche Organisationsmodell zur Entwicklung dieser Qualifikationen zu akzeptieren.

Heute, 100 Jahre später, ist dieses Modell des »Berufsmenschentums« (Max Weber) im industriellen und im administrativen Bereich weitgehend erschöpft. Abgelöst wird es vom Angestellten der tausend Berufe. Konkret: In einer vollmechanisierten Fabrik, die in vierzehn Stunden einen VW Polo erzeugt, ist die Verwurzelung des Arbeitenden in seinem Beruf nur noch störend. Die erfolgreichen Handlungsprinzipien von heute sind rational-strategisch, individuell, höchst flexibel und weitgehend ohne Inhalt. Die geforderte Gleichgültigkeit gegenüber den sich immer rascher ändernden Arbeits- und Qualifikationsinhalten machen die in ihrem Beruf verankerten Angestellten und Arbeiter zum Flexibilitätsrisiko. Zeitgemäß ist eben nicht mehr der Meister, dem Meisterschaft zum Lebensprinzip geworden ist, sondern der Ingenieur der sich von Raum- und Zeitbeschränkungen weitgehend unabhängig macht und der das, was er gestern gelernt hat, heute wieder verlernt, um für die morgige Bildungsmaßnahme wieder Platz zu haben. Die Modernisierungsdynamik am Beginn des 21. Jahrhunderts hat den Beruf und die Inhalte der Berufserziehung grundlegend verändert. Mit der flächendeckenden Verbreitung rationaler Lebens- und Arbeitsformen, mit der Zunahme monetärer Verkehrsformen in allen Bereichen, mit der Vollmechanisierung der Betriebe wird der Beruf antiquiert. Der Beruf im Sinne einer individuellen Könnerschaft mit innerer Anteilnahme löst sich auf. An seine Stelle tritt der »job« in verschiedenen Tätigkeitsfeldern. Mobilität, Flexibilität sind die Imperative von Organisationen und der dort arbeitenden Menschen. Dies ist das Gegenteil einer Verwurzelung im Beruf, wie sie sich Kerschensteiner in seiner real gewordenen Reformidee vorstellte. Der »Homo disponibilis« ist die Leitvorstellung unserer heutigen verschärften Moderne. Er ist der brauchbare Mensch am Ende des 20. Jahrhunderts. Nicht mehr der Beruf, die Qualifikationscollage ist dafür die inhaltliche Perspektive. Generell gilt: Die zeitgemäße Collage wechselnder Befähigungen bedarf einer systematischen Berufsausbildung immer weniger. Sie benötigt Weiterbildung und diese permanent. Der Beruf hingegen ist zum Pflegefall geworden – ohne dass die Pflegeversicherung für diese Situation in irgendeiner Art und Weise in Anspruch genommen werden könnte. Fragt man Repräsentanten von Unternehmen, die im ökonomisch-technologischen Wandel eine Spitzenstellung einnehmen, danach, was in der Berufsschule gelernt werden soll, dann bekommt man immer häufiger die Antwort: Das ist relativ egal, wichtig ist nur, dass die Weiterbildungsbereitschaft in der Berufsschule entwickelt und gefördert wird. Man nennt dies, wenn ich recht informiert bin, Schlüsselqualifikation. Und die Erfindung der Schlüsselqualifikation geht einher mit dem Eingeständnis, heute nicht zu wissen, was morgen gebraucht wird.

Etwas besser geht's uns heute noch mit der zweiten Funktion der Berufsschule, aber nur etwas.

2. Zur Integrationsfunktion

Es war – und das betonen alle, die sich bemüßigt fühlten das Werk von Kerschensteiner zu interpretieren – die Lösung eines jugendpolitischen Problems, das den Ausschlag für die Gründung der Berufsschule bzw. ihres Vorläufers, der beruflichen Fortbildungsschule, gab. Bei Kerschensteiner standen nicht die Ausbildungsfragen im Vordergrund, sondern die sozial-pädagogischen. Gefragt wurde nach einer Institution, die es schafft, aus den verwahrlosenden »Jugendlichen« staatstreue, im bürgerlichen Sinne ordentliche »Jünglinge«, kurz: politisch zuverlässige Staatsbürger zu machen« (Stratmann 1992, S. 5).

Dies war auch 1899 die Motivation für die berühmte Preisfrage der Erfurter Akademie der Wissenschaften: »Wie ist unsere männliche Jugend von der Entlassung aus der Volksschule bis zum Eintritt in den Heeresdienst am zweckmäßigsten für die bürgerliche Gesellschaft zu erziehen?« Unter 75 eingereichten Abhandlungen wurde die von Kerschensteiner preisgekrönt. Sie erschien 1901 unter dem Titel »Staatsbürgerliche Erziehung der deutschen Jugend«. Mit ihren zehn Auflagen war sie äußerst erfolg- und auch einflussreich. Kerschensteiners Antwort auf die Frage der Akademie hieß: Durch Berufserziehung in Berufsschulen lässt sich die männliche Jugend am zweckmäßigsten für die bürgerliche Gesellschaft erziehen. Die Berufsschule wurde von Kerschensteiner primär als Instrument der Ordnungspolitik im wilhelminischen Kaiserreich konzipiert. Die zusätzliche Beschulung – eben jene zwischen Volksschule und Beginn des Heeresdienstes – sollte verhindern, dass die männliche Jugend, ich zitiere Kerschensteiner (1901 S. 37) »mit einem Schlage einer verhängnisvollen Freiheit anheim gegeben« sei. Dahinter steckte die Angst vor den nicht beherrschbaren Sozialisationseinflüssen der Straße und die Befürchtung, dass diese die bestehende Ordnung gefährden könnten. Kerschensteiners ordnungspolitisches Gegenkonzept hieß – ich zitiere wieder aus der Preisschrift: »Fleiß, Sorgfalt, Gewissenhaftigkeit, Beharrlichkeit, Aufmerksamkeit, Ehrlichkeit, Geduld, Selbstbeherrschung, Hingabe an ein festes, außer uns liegendes Ziel«. Die berufliche Fortbildungsschule war nicht parteilos, sie war, und dies hat Eduard Spranger, ein Bewunderer Kerschensteiners, bereits 1916 gesehen, »eine parteiische Gegenmaßregel gegen sozialistische Parteibestrebungen«. Sie sollte der Sozialdemokratie, und das hieß der Arbeiterbewegung, entgegenwirken, indem sie zur staatsbürgerlichen Brauchbarkeit erzog. Dies bedeutete nichts anderes als Vorbereitung auf die konfliktlose Integration in eine hierarchisch-ständische Ordnung.

Kerschensteiner verbindet Bildung eben gerade nicht wie Wilhelm von Humboldt mit zunehmender Freiheit, sondern mit Verstärkung der bindenden Integration: Er möchte nicht, wie Humboldt, durch Bildung der Individuen die Wirksamkeit des Staates begrenzen, sondern er will mit Hilfe der Berufsschulen die staatliche Macht verstärken und stabilisieren.

Heute, 100 Jahre später, ist das alles zwar gar nicht völlig anders – etwas anders aber schon. Die auffälligste Veränderung ist offensichtlich: Die Sozialdemokratie partizipiert an der Macht des Staates und, um diese Veränderung noch deutlicher zu machen, heute sitzt eine Sozialdemokratin zwar nicht auf Kerschensteiners Stuhl – aber auf dessen ehemaliger Position. Die Sozialdemokraten gelten heute nicht mehr als Gefahr der staatlichen Ordnung, sie sind Teil dieser Ordnung. Und weil sie dies sind, gehören sie mit allen anderen staatstragenden Parteien zu jenen, denen die Integration der jungen Menschen ein wichtiges Anliegen ist. Auch heute gilt Jugend-Arbeitslosigkeit als bedrohlich und, wie man es ja in diesem Jahr wieder besonders deutlich erleben konnte, gibt man sich – von der Basis bis zur Spitze der Politik – viel Mühe, um alle LehrstellenbewerberInnen mit Ausbildungsplätzen zu versorgen.

Die Stärke des dualen Systems der Berufsausbildung liegt heutzutage zweifelsohne in seiner Integrationsfunktion. »Besser irgendeine Lehre als keine Lehre« ist zum Prinzip der Individuen und zu dem der zuständigen staatlichen Stellen geworden. Dabei spielt die

Berufsschule auch eine Rolle – aber nur eine die betriebliche Ausbildung ergänzende. Und dies ist ja auch ihr formeller Status innerhalb des dualen Systems. Die Berufsschule ist heute nicht mehr die zentrale Institution, durch die gesellschaftliche Integration erfolgt, so wie sie das im kerschensteinerschen Konzept noch war. Die Verlängerung der Hauptschulzeit, das flächendeckende Angebot von Realschulen, andere berufsbildende Schulformen, Gesamtschulen, Gymnasium usw. übernehmen inzwischen ebenso Integrationsarbeit. Man kann diesen relativen Funktionsverlust der Berufsschule bedauern – ich tue das nicht. Ich sehe dies vielmehr als eine viel zu wenig wahrgenommene Chance, befreit vom Ballast allzu großer Integrationserwartungen sich in der Bildungslandschaft neu orientieren und anders lokalisieren zu können.

Dies trifft auch auf die dritte Funktion zu, die die Berufsschule zu erfüllen hat.

3. Zur Selektionsfunktion

Der Besuch formalisierter Bildungswege und speziell deren Abschlüsse eröffnen bzw. verschließen Zugänge zu gesellschaftlichen Positionen, die mit ganz unterschiedlichen Chancen von Macht, Einkommen und Ansehen gekoppelt sind. Anders ausgedrückt: Institutionalisierte, staatlich arrangierte Bildung verteilt und legitimiert soziale Ungleichheit. Kerschensteiner war als Angehöriger des Bürgertums einem relativ starren ständischen Denken verhaftet. Den oberen Ständen oblag es, die Erziehung des Volkes zu betreiben und diejenigen, die durch Handarbeit ihren Lebensunterhalt zu erwirtschaften versuchten, sollten den Geistesarbeitern dafür dankbar sein. Sein Erziehungsauftrag lautete (ich zitiere wieder aus der Preisschrift): »Sie sind in stetiger Gewöhnung zu unbedingtem Gehorsam und treuer Pflichterfüllung und in autoritativer unablässiger Anleitung zum Ausüben der Dienstgefälligkeit« zu erziehen (1901, S. 35). Im letzten Jahrhundert sang man in der Schule, entsprungen aus diesem Denken, folgenden Vers:

»Ungleich ist der Menschen Los,
der ist niedrig, der ist groß.
Murre deines Standes nicht,
leiste willig deine Pflicht.«

Es ist die Geschlechterperspektive, die die Selektionsfunktion der beruflichen Fortbildungsschule ganz offensichtlich macht. Allererstes Anliegen ist Kerschensteiner das Fortbildungsschulwesen der männlichen Jugend. Für nicht ganz so wichtig hält er die Mädchenbildung. Die Bildungsangebote für die weibliche Jugend konzipiert er kürzer. Dies betrifft sowohl die wöchentliche Stundenzahl als auch die Zahl der Berufsschuljahre. Nicht so halbherzig wie dem organisatorischem Angebot widmet sich Kerschensteiner der inhaltlichen Ausrichtung der Mädchenbildung. Auch Mädchen sollen auf Berufe vorbereitet werden, aber ausschließlich auf jene der Hausfrau und Mutter.

In der Übergangszeit zwischen Ständegesellschaft und bürgerlich-kapitalistischer Gesellschaft setzte Kerschensteiner, was die Selektionsfunktion der Berufsschule anging, eindeutig auf den Erhalt der alten Ordnungsmuster. Hinsichtlich der geschlechtsspezifischen Verteilung von Ungleichheit hat sich bis heute vieles, aber beileibe noch nicht alles verändert. Die offensichtlichste Veränderung besteht darin, dass Frauen nicht mehr nur Hausfrauen und Mütter werden können, sondern auch Stadtschulrätinnen. Zweifelt man auch so manches Mal am Fortschritt, so ist dieser jedoch eindeutig und erfreulich.

Mit der Berufsausbildung ist heutzutage im Gegensatz zu den Zeiten Kerschensteiners der institutionalisierte Lernprozess nicht abgeschlossen und damit auch nicht der Prozess der Verteilung von Macht- und Einkommenschancen. Vielmehr verlagert sich dieser zunehmend in den Bereich der beruflichen Weiterbildung. Die Berufsausbildung wird heute immer mehr zur Vorschule der Weiterbildung: Die Berufsausbildung, wenn erfolgreich abgeschlossen, ist kein Abschluss mehr, sie ist nur mehr die Qualifikation für die Teilnahme am lebenslangen Lernprozess. Dieses Paradoxon bringt das Kuratorium der deutschen Wirtschaft für Berufsausbildung auf den Punkt: »Die Ausbildung hat die Bereitschaft und Fähigkeit zu ständiger beruflicher Weiterbildung zu fördern.« Ziel und Inhalt der Ausbildung ist das Lernen des Lernens. Das Ende der Ausbildung fällt mit dem Anfang der Weiterbildung zusammen. Die persönliche Souveränität und das Freiheitsversprechen (»Freisprechung« hieß dies einmal!), das an den Abschluss der Ausbildung einst gekoppelt war, wird durch den Zwang zum Weiterlernen entwertet. Das Leben wird zum endlosen Schülerleben. Es wird zur paradoxen Situation: Man wird nie erwachsen, muss sich aber ein Leben lang darum bemühen.

Die Selektion geschieht heute nicht mehr nur im Jugendalter, sie geschieht immer – das setzt fürs Individuum Chancen und Risiken gleichermaßen frei. Beruflicher Aufstieg ist fast lebenslang möglich – Abstieg ebenso. Das ist eine andere Situation als jene, die Kerschensteiner und dessen Nachfolger bis in die siebziger Jahre des letzten Jahrhunderts vorfanden.

Volksbildung und Volkshochschule.
(28. Juni, 1924. Universität-München)

II.

1. Die Volkshochschule im Sinne Grundtvigs.

a) Sie wendet sich an die Adoleszenz, 18.–25. Lebensjahr mit ihrer eigenartigen Seelen- und Geistesverfassung, vollendeter Geschlechtsreife und [illegible] Autonomie, aber noch ohne feste umrissene Auffassung der eigenen Lebensaufgabe (Vergl. auch Kleine Seite 12 u. 13) und mit ihrer Begeisterungsfähigkeit für das Wahre, Gute u. Schöne.

Sie soll die Jugend der großen, werktätigen Schichten des Volkes [illegible] aus Beruf und materiellem Zweckdenken herausreißen u. in das Reich des Ideals [illegible] (Hallmann, S. 128) (des Sinnes)

Der Lehrer dieser Schule muss nicht bloß ein gründl. Wissen haben, sondern vor allem eine reiche tiefe Persönlichkeit sein.

Das Ziel ist: durch die V.H.Sch. eine allgemeine humane Volksbildung als breiten Unterbau für eine homogene, nationale Kultur zu schaffen. Daraus als Mittelpunkt der Bildung: das Volkstümliche und Nationale.

Grundlage: Veredelung des geselligen Verkehrs in eigenen Heimen von 30–50 jungen Leuten, losgelöst auf 1/2 Jahr vom Erwerbsleben. Pflege heimischer Geschichte u. Literatur, Mythologie, Landeskunde. (Geographie, Schönschreiben, Rechtschreiben, Physik, Gymnastik), Morgenandachten. —

Die Einrichtung kam für die Großstadt nicht in Betracht. — Wäre aber nützlich für das Land. — In ihrer Neutralität kaum mehr zu schaffen. — Politische u. konfessionelle Hochschulen. — Dreiteilung.

Manuskriptseite aus dem Grundsatzreferat Georg Kerschensteiners über »Volksbildung«, gehalten am 28.6.1924 an der Universität München.

Was tun?

Was tun? So lautet die Frage, die Sie sich als Zuhörende sicher schon eine Weile stellen. Ich stelle sie jetzt und versuche sie sogar zu beantworten.

Lange Zeit stand, wenn es um den Reformbedarf der Berufserziehung ging, der Lernort »Betrieb« im Zentrum. Die Berufsschule rückte an den Rand reformpolitischer Überlegungen. Von Kerschensteiner lernen heißt, dies zu verändern und die Berufsschule neu zu denken und entsprechend anders zu organisieren. Es kann dabei auch nicht mehr nur um die Berufsschule gehen, sondern um die Struktur des Dualen Berufsausbildungssystems generell.

Problematisch ist heute die strukturelle Verankerung der Berufsschule im System der Berufsbildung, die auf verbrauchten Traditionen der Jugenderziehung beruht. Diese unterlassene Modernisierung ist der Grund dafür, dass die Berufsschule ihre Leistungsfähigkeit nicht innovativ gestalten kann. Soll die inzwischen einmütig festgestellte Krise der Berufsschule zu einer substantiellen Veränderung führen, dann gilt es Abschied zu nehmen von zwei Selbstverständlichkeiten, die zwar längst zu Fiktionen geworden sind, die aber nach wie vor ein ausgesprochenes zähes Leben im Alltag der Berufsbildungspolitik führen:

Fiktion 1: Die Berufsschule ist voll integrierter Teil des Dualen Systems.

Anders als die Redeweise vom dualen System suggeriert, gehört die Berufsschule in einer Reihe von entscheidenden Aspekten gar nicht zum Berufsbildungssystem. Die Berufsschule gehört allenfalls der Peripherie dieses Systems an.

Fiktion 2: Der Bildungsauftrag der Berufsschule ist unverändert.

Der allgemeine Bildungsauftrag, den die Berufsschule aus ihrer Entstehungszeit im Kaiserreich geerbt hat und den sie nach wie vor verwaltet, kollidiert mit den modernen Berufsformen. Der allgemeine Bildungsauftrag unterstellt, dass die Differenz zwischen Allgemein- und Berufsausbildung in der Berufsschule Sinn macht. Das ist jedoch nicht mehr der Fall: Die Anzahl der Ausbildungsberufe hat sich in den letzten zwanzig Jahren mehr als halbiert, mit der Folge, dass Berufe allgemeiner, grundsätzlicher wurden.

Der Ausbildungsberuf hat sich gegenüber der konkreten Tätigkeit des Erwerbsberufes immer stärker verallgemeinert. Immer mehr hat sich daher die Ausbildung in den Betrieben vom Muster der Mitarbeit zu dem des institutionellen Lernens verändert. Berufsschule wird so nur mehr eine (häufig lästige) Zusatzveranstaltung. Wären nicht die Schulpflichtregelungen, ließe sich Berufsschule kaum mehr realisieren, da deren Bildungsauftrag von den (Groß-)Betrieben vielfach miterfüllt wird.

Die erste Antwort auf die Frage »Was tun?« heißt also: Abschied nehmen von zwei zähen Fiktionen. Gelingt dies, ist im erfreulichen Fall der Kopf frei für alternative Organisationsmodelle. Die wichtigste, politisch anzugehende Aufgabe ist es, die reale Integration der Berufsschule ins duale System voranzutreiben. Dieses ist über Vernetzung zu leisten. Vernetzung aber, das ist inzwischen durch mannigfaltige Erfahrung belegt, funktioniert nicht – oder nur sehr schlecht – wenn sie von ganz oben (von Regierungen und Ministerien) gestaltet wird. Es sind kommunale/regionale Netzwerke zwischen Berufsschulen, Betrieben und überbetrieblichen Bildungsanbietern (Innungen, Vereine, Volkhochschule usw.), die eine Lösung versprechen. In solchen Netzwerken können und sollten klassische Grenzziehungen zwischen Beruf und Berufsschule, zwischen Schul- und Erwachsenenbildung und nicht zuletzt auch die zwischen den Zuständigkeitsdomänen (z.B. Bund und Ländern, Kommunen, öffentlichen und privaten Trägern etc.) aufgelöst werden.

Solche örtlichen Netzwerke setzen herausfordernde Rahmenbedingungen voraus, jedoch keine zentralistischen Rahmenlehrpläne für die Berufsschulen. Ein berufliches Gesamtcurriculum reicht dafür völlig aus. In der Schweiz, wo auch nach dem dualen System ausgebildet wird, treten die Berufsschulen nicht zuletzt deshalb als gleichwertiger Partner in der Ausbildung auf, weil die Lehrpläne für die Berufsschulen und für die Betriebe von der gleichen Stelle entwickelt werden.

Heute, in den Zeiten einer Pluralisierung von Lebensstilen, wird offensichtlich: Die Berufsschule gehört in ihrer schulrechtlichen Eigenschaft als Pflichtschule einer vergangenen Zeit an. Heute ist die Berufsschule keine Jugendschule mehr. Ihre Klientel ist erwachsen geworden (drei Viertel der Schüler sind 18 Jahre und älter; Kerschensteiner entwickelte sein Konzept für die 14–17-Jährigen!), wird aber immer noch, wie ehemals, nach dem Pflichtschulprinzip unterwiesen. Das bedeutet, die Berufsschule sollte sich weniger an den Pflichtschulen, sondern mehr an den Ausbildungskonzepten der Hochschulen und der Erwachsenenbildung orientieren. Analoges gälte auch für die Aus- und Weiterbildung des Lehrpersonals an Berufsschulen. Ihre Ausbildung wäre nicht an schulpädagogischen Inhalten und Prinzipien, vielmehr an erwachsenenpädagogischen auszurichten. Die Wirtschafts-Betriebe leisten dies für ihr Personal zurzeit im weitaus besseren Umfang als die staatlichen Stellen. Die Differenziertheit, mit der Personalentwicklungskonzepte mit Trainingskonzepten in den Unternehmen heute koordiniert werden, lässt die relative Starrheit und Schlichtheit der Lehraus- und -weiterbildungskonzepte nur allzu deutlich werden. Die zentralistisch-monopolistische Organisation der Lehrerweiterbildung hat daran einen wesentlichen Anteil. Daher muss – zumindest die Weiterbildung des Lehrpersonals an den Berufsschulen – lokal/regional organisiert werden und in enger Kooperation mit der Weiterbildung derer geschehen, die in den Betrieben und in den überbetrieblichen Lernorten den Prozess der beruflichen Ausbildung verantwortlich gestalten. An der Absurdität einer bis heute sich fortsetzenden getrennten Weiterbildung von Ausbildern einerseits und Berufsschullehrern andererseits zeigt sich noch einmal mehr die Notwendigkeit einer radikalen Reform des beruflichen Bildungssystems. Erst wenn es eine Selbstverständlichkeit ist, dass der betriebliche Ausbilder und der Lehrer einer Berufsschule entscheiden (dürfen), gemeinsam auf eine Weiterbildungsveranstaltung zu gehen – und dies schließlich auch tun –, dann ist das, was immer wieder als duales System behauptet wird, auch wirklich dual.

Reform tut Not

Kerschensteiner hat den Reformbedarf vor 100 Jahren durch harte Kritik an der allgemeinen Fortbildungsschule legitimiert und die gleichen Worte ließen sich auf die Berufsschule heute anwenden: »den Schülern gleichgültig, den Meistern lästig, den Lehrern ein Gegenstand vergeblicher Liebesmüh.« Von Kerschensteiner lernen, das heißt nicht einfach weitermachen, auch nicht mit dem, was sich Kerschensteiner ausgedacht hat und was heute noch die Struktur der Berufsschule bestimmt. Von Kerschensteiner lernen heißt sich organisatorische Alternativen überlegen und diese umzusetzen versuchen. Das ist notwendig, damit man in München auch mal jemand anderes feiern kann.

Dass seit 100 Jahren seine Reformideen das Schul-, besonders das Berufsschulgeschehen bestimmen, ist ja auch das Eingeständnis mangelnder struktureller und organisatorischer Phantasie seiner Nachfolger und Nachfolgerinnen.

Ich wünschte mir heute weniger Beweihräucherung von Kerschensteiner, dafür mehr Organisationsphantasie fürs 21. Jahrhundert, dann würde vielleicht auch in München wieder perspektivische Berufsbildungspolitik gemacht und nicht nur jene, die die jeweilige Haushaltslage verlangt. Wenn das Geld ausgeht, ist die Politik ja nicht am Ende. Das Gegenteil gilt: Weil das Geld ausgeht, muss Politik gemacht werden.

Von Kerschensteiner lernen bedeutet sich nicht in Kerschensteiners großer Ausstrahlung zu wärmen und es bedeutet auch nicht ihn möglichst oft zu feiern oder zu zitieren. Das sollte man nur, wenn man etwas von ihm gelernt hat oder lernen will. Denn noch nie, so ein prophetischer Satz vom heutigen Jubilar – »noch nie hatten die Menschen für so viel Wandel so wenig Zeit«. Und nicht vergessen: Das Geheimnis aller Erziehung heißt nicht »klug Geld sparen«, sondern, das ist mein Lieblingssatz von Kerschensteiner, »weise die Zeit verlieren«.

Als Georg Kerschensteiner 1895 zum Münchner Stadtschulrat gewählt wurde, begann ein 13-Jähriger in dieser Stadt mit seinen lebenslang anhaltenden Jugendstreichen. Es war Karl Valentin; und dieser hätte heute, stünde er an meiner Stelle, sicher etwas völlig anderes gesagt, aber er hätte höchstwahrscheinlich mit dem gleichen Satz geendet: »Die Zukunft der Berufsschule war früher auch besser.«

Willibald Karl

»Gelehrtenrepublik« zwischen Monarchie und Diktatur

Kerschensteiners Villa in der Bogenhausener Möhlstraße 39

Die Eingemeindung Bogenhausens nach München am 1.1.1892 und die Entstehung der großbürgerlichen Villenviertel links und rechts der Ismaninger Straße, zehn Jahre später auch »unten« im Herzogpark, war eine wohl abgestimmte Aktion zwischen den örtlichen Bauern und Grundbesitzern einerseits und der bayerischen Hochbürokratie der Prinzregentenzeit, mehr noch als des Münchner Magistrats und seiner Stadterweiterung, andererseits.

Schon als Kronprinz hatte König Maximilian II. die Einbeziehung des östlichen Isarufers mit einem »prächtigen Kai« in seine Haupt- und Residenzstadt geplant. Bereits im sechsten Jahr seiner Regierung erfolgte die Eingemeindung der östlichen Vorstädte Au, Haidhausen und Giesing im Jahr 1854 – dem Geburtsjahr Georg Kerschensteiners. Max II. verband dies mit umfangreichem Grunderwerb am östlichen Isarufer bis in das Herz Bogenhausens hinein.

Das dort gegenüber der St.-Georg-Kirche liegende Rokoko-Schlösschen Neuberghausen (erbaut von Cuvillies und Gunetzrheiner) ließ er für sein Projekt einer Kgl.-Beamten-Relicten-Anstalt abreißen, das Ostufer selbst von seinem Günstling Carl von Effner d.J., bald Kgl. Hofgärtendirektor, in die Gasteig- und Maximilians-Anlagen umgestalten. Am Südende der Anlage – und zugleich als Fluchtpunkt der Maximilianstraße – sollte die Schauarchitektur des »Athenäum« entstehen, in welchem die geistige Elite des Königreichs und seiner Staatsdiener herangezogen werden sollte. König Ludwig II. ließ – selbst nach Scheitern seines Festspielhaus-Plans für die unmittelbare Nachbarschaft – die Vorhaben seines Vaters vollenden und das »Athenäum« in »Maximilianeum« umbenennen. Zu Recht steht deshalb in den Anlagen sein wenig bekanntes Standbild von Anton Rückel.

Mit Beginn der Ära des Prinzregenten Luitpold im Jahr 1886 wurde die Bebauung des Isarhochufers zwischen Haidhausen und Bogenhausen von seiner »Hofkamarilla« zum Prestigeprojekt des Regenten gemacht. Zu den »Hauptagenten« gehörten Hofrat Ludwig Peter Ritter von Klug, Generalintendant Ernst von Possart, der Nachfolger Effners als kgl. Hofgärtendirektor, Jakob Möhl und der Bogenhauser Pfarrer Korbinian Ettmayr, der vorher Hofkurat in Nymphenburg gewesen war. Er war zugleich Bindeglied zu den Ortshonoratioren von Bogenhausen, dem Bürgermeister und Großgrundbesitzer Josef Selmayr, dem Ökonomen und Fuhrunternehmer Franz Kaffl und dem Wirt Lorenz Betz. Maßgeblich war Klug als Vorstand der Kgl. Hofkasse, Verwalter des Privatvermögens des Prinzregenten und dessen enger Vertrauter. Fast im Hauruck-Verfahren wurden Bauverbote aufgehoben, Bauleitlinien durchgedrückt, Verwaltungsverfahren durch vorgebliche »allerhöchste Willensäußerungen« unterlaufen. Klug saß auch im Stiftungsrat der Relictenanstalt und bewirkte dort die Abtrennung des Ostteils des Gartens, um die möhlsche Bauleitplanung und den Anschluss der neuen Straßenzüge an den alten Ortskern zu ermöglichen. Kein Wunder, dass dieses Grundstück an der Möhlstraße als Erstes baureif war und seine Parzellen mit zwei Doppel- und zwei Eckvillen in der ersten Bauphase um 1895 bebaut wurden, gleichzeitig mit der überdimensionierten Doppelvilla Klug/Possart an der Maria-Theresia-Straße 25/26.

Im Sommer 1895 war Georg Kerschensteiner (1854–1932) zum Stadtschulrat des Münchner Magistrats erkoren worden. Durch eine Erbschaft von Seiten seiner Frau dazu in Stand gesetzt erwarb er am 15.9.1896 von Rechtsanwalt Ritter von Oberkamp (Möhlstraße 44) das Grundstück Möhlstraße 39 um 21 876 Mark – ein durchaus stattlicher Preis für ein ehemaliges Gartengrundstück, selbst wenn man den Wert der Goldmark zum Euro nur mit 1:6 ansetzen würde. Die Oberkamps hatten schon zwei Generationen vorher das bäuerliche Streicher-Anwesen erworben und an seine Stelle ein biedermeierliches Vorstadthaus gesetzt, das bald mit Eingangsportal und überdachendem Balkon, ausgebautem Mansarddach und Turmanbau zu einer Villa umgebaut werden sollte (1898). Einstweilen entstand auf der gegenüber liegenden Seite ein Ensemble mit einer Eckvilla für den Kunstmaler Carl Freiherr von Wulffen (Nr. 43) sowie einer Doppelvilla für den Kunstmaler Ernst Ludwig Plaß (Nr. 41) und den neuen Stadtschulrat Georg Kerschensteiner (Nr. 39). Architekt war der gleichaltrige Leonhard Romeis (1854–1904), der ebenfalls in der Gunst des Prinzregenten stand. Romeis hatte 1895 sein Hauptwerk, die neuromanische St.-Benno-Kirche in Neuhausen, vollendet.

Die Baugruppe in der Möhlstraße ist eher spätromantisch geprägt und weist alt-deutsche und tirolische Stilelemente auf, die in die Nähe zu einer sprichwörtlichen »Ofenbankgemütlichkeit« führen mögen. Die Interieurs hingegen spiegeln in differenzierter Weise Geschmack und Geisteshaltung der Bauherrn bzw. späterer Besitzer. So meint man in der Kerschensteiner-Villa im Zierrat, in Paneelen, ja selbst in Treppenläufen und Türstöcken einen etwas nüchterneren, klareren reformerischen Gestaltungswillen zu erkennen, als es die Fassade oder gar der Prunk der anderen beiden Villen denkbar erscheinen lässt – mit Abstrich der »Neuen Sachlichkeit«, die durch späteren Umbau Teile der Wulffen-Villa prägt.

Die Tochter Gabriele Fernau-Kerschensteiner erinnerte sich anlässlich des 100. Geburtstags ihres Vaters: »… Hier in dem stillen Haus mit dem baumbestandenen, schattigen Garten lebte er bis zu seinem Tode. Das Erkerzimmer in der ersten Etage war der Raum, in dem von nun an alle seine Werke entstanden.« Es waren dies 35 Jahre von größter Ausstrahlung und weit in die Zukunft reichender gesellschaftlicher Wirksamkeit. Nach seiner Pensionierung als Stadtschulrat im Jahr 1919 wurde er 1921 Professor und arbeitete unermüdlich als international anerkannter Wissenschaftler bis zu seinem Tod.

Er war der führende Schulreformer, Schulorganisator und Bildungstheoretiker seiner Zeit. In seiner Amtszeit als Stadtschulrat wurden mehr als 30 Schulhäuser (»Kerschensteiner'sche Schulburgen«) errichtet und das zeitgenössische Berufsschulwesen als duales System zwischen Schule und Ausbildungsbetrieb begründet. Er wollte die Kluft zwischen Bildungs- und Arbeitswelt durch soziale und staatsbürgerliche Erziehung und die Betonung des Handfertigkeitsunterrichts in Werkstatt, Schulküche, Schulgarten und Laboratorium überbrücken.

Der Wohnsitz Georg Kerschensteiners, die Villa in der Möhlstraße 39 in München-Bogenhausen, erbaut nach Plänen von Leonhard Romeis (1897). Das Erkerzimmer im ersten Stock war Bibliothek und Arbeitszimmer Kerschensteiners für 35 Jahre (Stadtarchiv München)

Er entwickelte – angeregt von amerikanischen Vorbildern – das Konzept der »Arbeitsschule« und war ein Wegbereiter des lebenslangen Lernens, des Grundkonzepts moderner Erwachsenenbildung. Die skandinavischen Vorbilder inspirierten sein Engagement für die Volksbildung durch Volkshochschulen.

Die Kerschensteiner-Villa in der Möhlstraße war aber nicht nur Gelehrten-Refugium, sondern auch Schauplatz großer Feste, Märchen- und Theaterspiele mit Nachbarskindern in Haus und Garten – und darüber hinaus, mit – wie Tochter Gabriele erwähnt – drei wilden »zu den skurrilsten Dingen fähigen Kinder(n), die statt der Türen die Fenster benutzten, die brandelten und zündelten, mit Monokeln spazieren gingen, in ausgestopften Trauerkleidern und Hüten der Mutter Straßenbahn fuhren und fortgesetzt mit allen in Konflikt gerieten«. Ziele des Spotts dieser Maskeraden waren – unter anderen – die Fräulein des Beamtentöchterstifts, vulgo »Drachenburg«, und deren nahe, nicht unüberwindliche Gartenmauer.

Aber auch die übrige nähere und weitere Nachbarschaft mit ihren Honoratioren und Autoritäten mochten Anlass dazu geben:

Da war gleich im Nebenhaus, der ehemaligen Möhl-Villa, der strenge und prinzipientreue Rechtshistoriker Professor Carl von Amira, der mit seinen Kollegen aus der Bayerischen Akademie der Wissenschaften, dem Präsidenten und Direktor der nahe gelegenen Sternwarte Professor Hugo von Seeliger und ihrem Sekretär, dem Landeshistoriker Professor Alexander von Müller (Mauerkircherstraße) manchen Strauß ausfocht. Gleich daneben (Möhlstraße 35) war der Direktor des Klinikums rechts der Isar, Medizinalrat Professor Franz von Pfistermeister eingezogen. Auch der Altmeister der Landesgeschichte, Professor Siegmund Riezler, wohnte später in der Möhlstraße (Nr. 26), wo sich nach seiner frühzeitigen Resignation als Inhaber des Baeyer-Lehrstuhls und Direktor des Chemischen Instituts der Nobelpreisträger Professor Richard Willstätter eine der letzten Villen bauen ließ (Nr. 29, 1925). Willstätter protestierte mit seinem Rücktritt gegen antisemitische Strömungen an der Naturwissenschaftlichen Fakultät (im Jahr 1924!). Kerschensteiner kannte Willstätter von seinem Volontariat am Nürnberger Gymnasium her bereits als Schüler und war ihm später bei einer Ordensverleihung in der Residenz wieder begegnet.

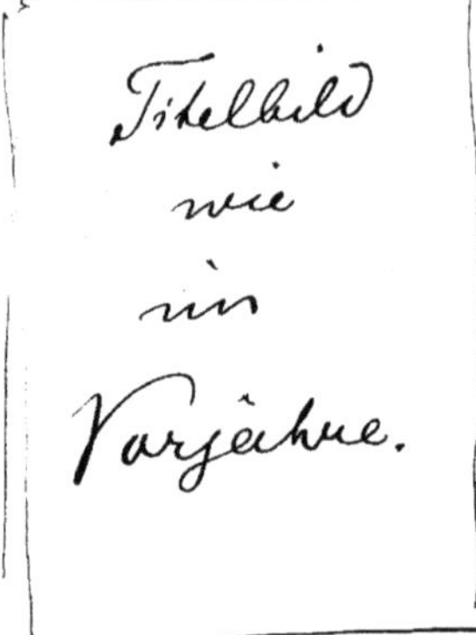
Titelbild
wie
im
Vorjahre.

De Pulicibus mentalibus

oder

über die Gedankenflöhe.

~~Zehnte~~

Zehnte eindringliche Mayenpredigt
for andächtig Mynheers
van
Frater Hilarius Secundus
Poëta non laureatus

Titel des Manuskripts einer »Mayenpredigt«

Zur »Bogenhauser Gelehrtenrepublik« gehörte im weiteren Sinne auch die Nachbarschaft zur linken Seite, wo 1905 die »Zwillingsvilla« Nr. 41 vom Verleger-Ehepaar Hirmer an den Kgl. Sächsischen Konsul und Bankier Theodor Wilmersdoerffer, dem Sohn, Amts- und Geschäftsnachfolgers (Fa. Samson Oberndörffer) des berühmten Numismatikers Max Ritter von Willmersdoerffer verkauft worden war. Theodor Wilmersdoerffer betätigte sich mit seiner Studie »Neuberghausen« im Oberbayerischen Archiv auch als früher Stadtteilhistoriker Bogenhausens (1913).

Ohne letztendlich Vollständigkeit anzustreben seien als weitere Gelehrte in diesem Wohnumfeld genannt: der Geograph und Geophysiker Erich von Drygalski (Gaußstraße 6), der zurückgezogen lebende Physiker Wilhelm Röntgen (Maria-Theresia-Str. 11), der Privatgelehrte Dr. Alfred Einstein (Cuvilliésstr. 13), die Technikpioniere und Erfinder Rudolf Diesel (Dieselmotor, Maria-Theresia-Str. 32) und Clemens von Bechtolsheim (Milchzentrifuge, Maria-Theresia-Str. 27) ... und aus dem Herzogpark aufgeführt: der Anatom, Universitäts- und Akademieprofessor Siegfried von Molier (Vilshofener Str. 10), der Mitbegründer der modernen akademischen Psychologie, Professor Theodor Lipps (Pienzenauerstraße 14), der Bismarck-Biograph Professor Erich Marcks, der Pharmakologe Professor Karl Forst ... ohne die große Zahl der Künstler und Kulturschaffenden zu nennen, aber last but not least den letzten Kulturminister der Monarchie, Eugen von Knilling, Maximilianeer, Elite- und Karrierebeamter, in der Republik politisch glücklos, früh – 1927 – verstorben (Kufsteiner Platz 2).

Georg Kerschensteiner hat anlässlich seiner Ernennung zum kgl. Studienrat zum Jahreswechsel 1904 in einer Replik sich und seine Nachbarn in der kgl. bayerischen »Gelehrtenrepublik« zu Bogenhausen treffend ironisiert und karikiert:

Betrachtungen eines Dekorierten
in der Neujahrsnacht
oder: »Der vergangene Schulrat«
oder: »Der neue Studienrat«
von
Frater Hilarius Secundus,
Poeta non laureatus

Oh Mensch, der du ein Diener bist
Des Staates, der Gemeinde,
Bedenk, dass dir beschieden ist
Ein Tag, zu dem dir Heid und Christ
Und alle deine Freunde
Die Hände drücken früh und spat
Zu irgendeinem Titel »Rat«,
Zu einem »Kreuzchen« oder »Orden«
Zu neuen Tressen, neuen Borten.

Treibst Handel du mit warmen Herzen,
Kommst in den Rat du der Kommerzen;
Pflegst du die Blumen, Gras und Vieh,
Wirst du ein Rat der Ökonomie;
Tust du als Maire der Stadt »dich schleimen«,
Kommst in den Rat du der »Geheimen«;
Übst du an Spitzbub'n deinen Witz,
Wirst du zum Rate der Justiz;
Übst Wassenkuren früh und spät,
Wirst du zum Rat der Sanität;
Und mordest du in Massen hin,
Wirst du zum Rat der Medizin;
Bist du recht klug mit deiner Suade,
So wirst du Hofrat ohne Gnade.

Hast du Email auf Blech recht gern,
Bekommst du einen Ordensstern –
Bald auf der Brust, bald auf dem Bauch,
Bisweilen an den Hals hin auch.
Ob deine Tat groß oder klein,
Die Hauptsach wird – das Alter sein.
Je höher dann des Ranges Strichel,
Je höher ist dann auch der »Michel«.

Nur E I N E Menschensorte war,
Das ist vielleicht recht sonderbar,
Für die der brave, gute Staat
Noch hatte keinen »eignen Rat«.
Das waren jene, die den Backel

Mit Grazie führten, dass der Lackel,
Der doch in jedem Menschen steckt,
Beizeiten seine Waffen streckt.
Man nennt sie meistens Professoren,
Sie, die zum Fluch der Welt geboren,
Sie, die aus anderer Leute Bengel
Erziehen sollen Tugendengel,
Die alle Krautköpf', alle Schwachen
Zu Bogenlampen sollen machen.
Als dieses sah Minister Wehner,
Erfand er, wahrlich nichts ist schöner
Als diese liebevolle Tat, den königlichen Studienrat.
Und ihm, dem Schulrat ohnegleichen
Tat er die neue Blume reichen,
Auf dass sich freue früh und spat
Der königliche Studienrat…

Quelle:

Willibald Karl. Die Möhlstraße. Keine Straße wie jede andere. Buchendorfer Verlag. München 1998.

Ders. (Hrsg.). Bogenhausen. Vom bäuerlichen Pfarrdorf zum noblen Stadtteil. Buchendorfer Verlag. München 1992.

Ders. (Hrsg.). Der Herzogpark. Wandlungen eines Zaubergartens. Buchendorfer Verlag. München 2000.

Das Symposium fand am 6. Juli 2004 im Bibliothekssaal der Monacensia – Bibliothek und Literaturarchiv der Münchner Stadtbibliothek statt.

Veranstalter war die Münchner Volkshochschule GmbH in Zusammenarbeit mit der Monacensia – Literaturarchiv und Bibliothek.

An der Veranstaltung wirkten mit:

Dr. Elisabeth Tworek, Leiterin der Monacensia – Bibliothek und Literaturarchiv der Münchner Stadtbibliothek
Dr. Susanne May, Programmdirektorin der Münchner Volkshochschule GmbH
Dr. Gertraud Burkert, 2. Bürgermeisterin der Landeshauptstadt München
Professor em. Dr. Gerhard Wehle, Erziehungswissenschaftler, Universität Düsseldorf
Dr. Karl Corino, Redakteur und Autor, Tübingen
Professor Dr. Karlheinz A. Geissler, Wirtschaftspädagoge, Universität der Bundeswehr, München-Neubiberg
Dr. Willibald Karl, Historiker und Erwachsenenbildner, Weßling/München
Ursula Hummel, Monacensia-Literaturarchiv